京华通览

历史文化名城

主编／段柄仁

北海

王洪新／编著

北京出版集团公司
北京出版社

图书在版编目（CIP）数据

北海 / 王洪新编著. — 北京：北京出版社，2018.3
（京华通览）
ISBN 978-7-200-13432-2

Ⅰ. ①北… Ⅱ. ①王… Ⅲ. ①北海公园—介绍 Ⅳ. ①K928.73

中国版本图书馆CIP数据核字（2017）第266344号

出版人	曲　仲
策　划	安　东　于　虹
项目统筹	董拯民　孙　菁
责任编辑	李更鑫　白　雪
封面设计	田　晗
版式设计	云伊若水
责任印制	燕雨萌

《京华通览》丛书在出版过程中，使用了部分出版物及网站的图片资料，在此谨向有关资料的提供者致以衷心的感谢。因部分图片的作者难以联系，敬请本丛书所用图片的版权所有者与北京出版集团公司联系。

北海
BEIHAI
王洪新　编著

北京出版集团公司
北京出版社　　出版
*
（北京北三环中路6号）
邮政编码：100120

网　址：www.bph.com.cn
北京出版集团公司总发行
新　华　书　店　经　销
天津画中画印刷有限公司印刷
*
880毫米×1230毫米　32开本　7.75印张　160千字
2018年3月第1版　2022年11月第3次印刷
ISBN 978-7-200-13432-2
定价：45.00元

如有印装质量问题，由本社负责调换
质量监督电话：010-58572393

《京华通览》编纂委员会

主　任　段柄仁
副主任　陈　玲　曲　仲
成　员　（按姓氏笔画排序）
　　　　于　虹　王来水　安　东　运子微
　　　　杨良志　张恒彬　周　浩　侯宏兴
主　编　段柄仁
副主编　谭烈飞

《京华通览》编辑部

主　任　安　东
副主任　于　虹　董拯民
成　员　（按姓氏笔画排序）
　　　　王　岩　白　珍　孙　菁　李更鑫
　　　　潘惠楼

序

PREFACE

擦亮北京"金名片"

段柄仁

北京是中华民族的一张"金名片"。"金"在何处？可以用四句话描述：历史悠久、山河壮美、文化璀璨、地位独特。

展开一点说，这个区域在70万年前就有远古人类生存聚集，是一处人类发祥之地。据考古发掘，在房山区周口店一带，出土远古居民的头盖骨，被定名为"北京人"。这个区域也是人类都市文明发育较早，影响广泛深远之地。据历史记载，早在3000年前，就形成了燕、蓟两个方国之都，之后又多次作为诸侯国都、割据势力之都；元代作为全国政治中心，修筑了雄伟壮丽、举世瞩目的元大都；明代以此为基础进行了改造重建，形成了今天北京城的大格局；清代仍以此为首都。北京作为大都会，其文明引领全国，影响世界，被国外专家称为"世界奇观""在地球表面上，人类最伟大的个体工程"。

北京人文的久远历史，生生不息的发展，与其山河壮美、宜生宜长的自然环境紧密相连。她坐落在华北大平原北缘，"左环沧海，右拥太行，南襟河济，北枕居庸""龙蟠虎踞，形势雄伟，南控江淮，北连朔漠"。是我国三大地理单元——华北大平原、东北大平原、蒙古高原的交汇之处，是南北通衢的纽带，东西连接的龙头，东北亚环渤海地区的中心。这块得天独厚的地域，不仅极具区位优势，而且环境宜人，气候温和，四季分明。在高山峻岭之下，有广阔的丘陵、缓坡和平川沃土，永定河、潮白河、拒马河、温榆河和蓟运河五大水系纵横交错，如血脉遍布大地，使其顺理成章地成为人类祖居、中华帝都、中华人民共和国首都。

这块风水宝地和久远的人文历史，催生并积聚了令人垂羡的灿烂文化。文物古迹星罗棋布，不少是人类文明的顶尖之作，已有1000余项被确定为文物保护单位。周口店遗址、明清皇宫、八达岭长城、天坛、颐和园、明清帝王陵和大运河被列入世界文化遗产名录，60余项被列为全国重点文物保护单位，220余项被列为市级文物保护单位，40片历史文化街区，加上环绕城市核心区的大运河文化带、长城文化带、西山永定河文化带和诸多的历史建筑、名镇名村、非物质文化遗产，以及数万种留存至今的历史典籍、志鉴档册、文物文化资料，《红楼梦》"京剧"等文学艺术明珠，早已成为传承历史文明、启迪人们智慧、滋养人们心灵的瑰宝。

中华人民共和国成立后，北京发生了深刻的变化。作为国家首都的独特地位，使这座古老的城市，成为全国现代化建设的领头雁。新的《北京城市总体规划（2016年—2035年）》的制定和中共中央、国务院的批复，确定了北京是全国政治中心、文化中心、国际交往中心、科技创新中心的性质和建设国际一流的和谐宜居之都的目标，大大增加了这块"金名片"的含金量。

伴随国际局势的深刻变化，世界经济重心已逐步向亚太地区转移，而亚太地区发展最快的是东北业的环渤海地区、这块地区的京津冀地区，而北京正是这个地区的核心，建设以北京为核心的世界级城市群，已被列入实现"两个一百年"奋斗目标、中国梦的国家战略。这就又把北京推向了中国特色社会主义新时代谱写现代化新征程壮丽篇章的引领示范地位，也预示了这块热土必将更加辉煌的前景。

北京这张"金名片"，如何精心保护，细心擦拭，全面展示其风貌，尽力挖掘其能量，使之永续发展，永放光彩并更加明亮？这是摆在北京人面前的一项历史性使命，一项应自觉承担且不可替代的职责，需要做整体性、多方面的努力。但保护、擦拭、展示、挖掘的前提是对它的全面认识，只有认识，才会珍惜，才能热爱，才可能尽心尽力、尽职尽责，创造性完成这项释能放光的事业。而解决认识问题，必须做大量的基础文化建设和知识普及工作。近些年北京市有关部门在这方面做了大量工作，先后出版了《北京通史》（10卷本）、《北京百科全书》（20卷本），各类志书近900种，以及多种年鉴、专著和资料汇编，等等，为擦亮北京这张"金名片"做了可贵的基础性贡献。但是这些著述，大多是服务于专业单位、党政领导部门和教学科研人员。如何使其承载的知识进一步普及化、大众化，出版面向更大范围的群众的读物，是当前急需弥补的弱项。为此我们启动了《京华通览》系列丛书的编写，采取简约、通俗、方便阅读的方法，从有关北京历史文化的大量书籍资料中，特别是卷帙浩繁的地方志书中，精选当前广大群众需要的知识，尽可能满足北京人以及关注北京的国内外朋友进一步了解北京的历史与现状、性质与功能、特点与亮点的需求，以达到"知北京、爱北京，合力共建美好北京"的目的。

这套丛书的内容紧紧围绕北京是全国的政治、文化、国际交往和科技创新四个中心，涵盖北京的自然环境、经济、政治、文化、社会等各方面的知识，但重点是北京的深厚灿烂的文化。突出安排了"历史文化名城""西山永定河文化带""大运河文化带""长城文化带"四个系列内容。资料大部分是取自新编北京志并进行压缩、修订、补充、改编。也有从已出版的北京历史文化读物中优选改编和针对一些重要内容弥补缺失而专门组织的创作。作品的作者大多是在北京志书编纂中捉刀实干的骨干人物和在北京史志领域著述颇丰的知名专家。尹钧科、谭烈飞、吴文涛、张宝章、郗志群、姚安、马建农、王之鸿等，都有作品奉献。从这个意义上说，这套丛书中，不少作品也可称"大家小书"。

总之，擦亮北京"金名片"，就是使蕴藏于文明古都丰富多彩的优秀历史文化活起来，充满时代精神和首都特色的社会主义创新文化强起来，进一步展现其真善美，释放其精气神，提高其含金量。

2017 年 11 月

目录

CONTENTS

概　述 / 1

太液池

太液池游乐 / 18

皇家冰嬉 / 23

莲花荷藕 / 26

皇家冰窖 / 28

船　坞 / 31

琼华岛

太湖石与山石造景 / 36

琼华岛的荒废与崛起 / 40

永安寺 / 47

白塔修建 / 51

	普安殿内陈设 / 70
	长廊建筑群 / 78
	阅古楼 / 90
濠濮间 画舫斋	濠濮间 / 102
	画舫斋 / 106
先蚕坛	始建与规制 / 114
	修缮与管理 / 119
静心斋	兴建与布局 / 122
	西苑铁路 / 129
西天梵境	建筑布局 / 135
	琉璃宝塔及铜塔 / 139
	楠木殿内陈设 / 144
	华严清界殿与佛亭 / 148
大圆镜智宝殿 九龙壁	大圆镜智宝殿 / 152
	九龙壁 / 158
澄观堂 浴兰轩 快雪堂	《快雪时晴帖》书法石刻 / 165
	梁启超与松坡图书馆 / 168

	元代遗物铁影壁 / 172
	五龙亭 / 175
阐福寺	寺庙修建 / 183
	乾隆皇帝的祈福 / 188
	佛像与陈设 / 190
万佛楼	为母祝寿建佛楼 / 197
	祝寿献金佛 / 199
	殿内陈设 / 201
	妙相亭 / 203
极乐世界殿	修建与陈设 / 205
	修缮及保护 / 210
团　城	历史沿革 / 215
	明宽进献白玉佛 / 220
	忽必烈的盛酒器——玉瓮 / 222
	金鳌玉蝀桥 / 231

后　记 / 235

概 述

　　北海御苑位于首都北京的中心地区，与故宫、中南海、景山为邻，是我国现存历史最悠久、规模最大的皇城御苑，是"一池三山"建园格局的代表作，具有独特的造园艺术风格。北海的创建距今已有850多年，历经辽、金、元、明、清五个朝代兴修，逐步完善，形成今天的布局，是我国古典园林的精华和珍贵的人类文化遗产。

　　北海公园面积68.2公顷，其中水面38.9公顷，陆地29.3公顷。这里水面开阔、风景秀丽、湖光塔影、楼台亭阁、苍松翠柏，宛如仙境。

　　据史料记载：唐代幽州城东北郊礼贤乡龙道村即今北海一带。1956年旃檀寺西街出土的《唐卢龙节度使都押衙周元长墓志》志文载："开成三年（838年），葬于蓟城东北七里龙道之左原。"1979年出土于西城区地安门西大街即现在北海中学（北海

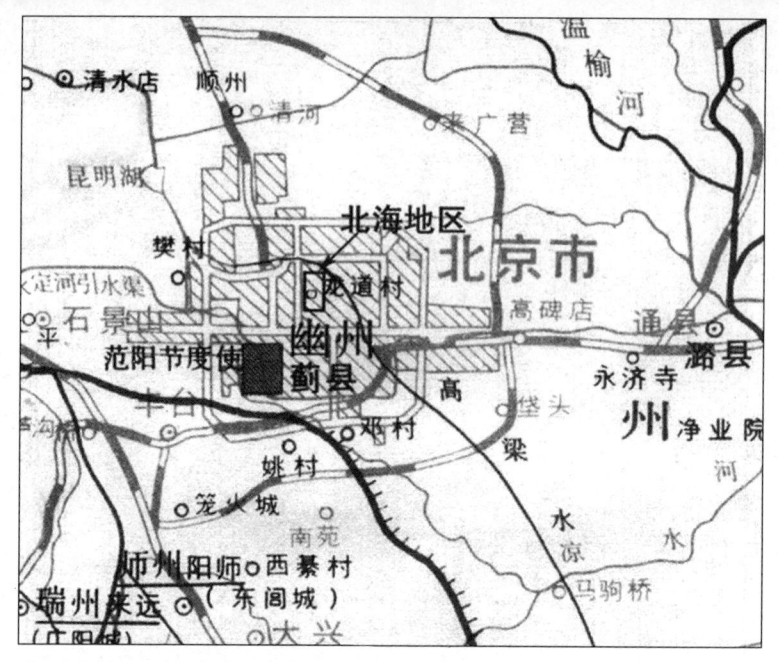

唐开元二十九年（741年）北海地区位置图

西墙外）内唐代《宋再初夫妇墓志》志文载："大中十三年（859年）正月十五日归窆（埋葬）于幽都县界礼贤乡龙道村。"在北海地区内出土的这两座墓志文都讲到的"龙道村"，说明在唐代这一片属于叫龙道村的田园村庄。从地质上看，北海地区原为古代永定河故道，河流迁移后，残余的河床积水成湖，又有流自今紫竹院湖泊的一条小河——高梁河，分流灌注其中，形成了充沛的水利资源。当时居住在这里的人们在河流湖泊地区，遍植水稻，养殖荷花，日久天长呈现一片江南水乡般的秀美景色，为后来北海园林的形成创造了很好的自然条件。

辽会同元年（938年），辽将幽州城定为南京（陪都），辽帝经常巡幸南京，并扩建南京的宫殿，还对城东北郊湖泊风景区（今北海一带）开辟创建。

金灭辽后，金海陵王完颜亮于天德三年（1151年）下令扩建燕京城（辽南京城）。贞元元年（1153年）正式迁都燕京，改燕京为中都。

金大定六年（1166年），金世宗完颜雍开始在中都城东北郊营建离宫太宁宫（亦称大宁宫），于金大定十九年（1179年）建成。太宁宫位于金中都东北郊湖泊地区，是在辽代初创的基础上兴建的。元人陶宗仪《辍耕录》记载：为营建太宁宫，金人"开挑海子，栽植花木，营构宫殿，以为游幸之所"。太宁宫规模庞大，其范围包括今北海、中海地区。宫四周有城垣，又有端门之设。宫内园林布局采取古典皇家园林"一池三山"的规制，湖池中有用疏浚湖泊的泥土堆筑的三岛，即琼华岛（今北海琼岛）、圆坻（今团城）和位于中海的犀山台。湖东西沿岸建有大量的宫殿，金人赵秉文在《扈跸万宁宫》中形容："一声清跸九天开，白日雷霆引仗来；花萼夹城通禁御，曲江两岸尽楼台。柳荫罅日迎雕辇，荷花分香入酒杯；遥想熏风临水殿，五弦声里阜民财。"

太宁宫刚建成后，大定二十年四月，太宁宫火，这场火灾，造成严重损失。经过抢修，太宁宫修缮完竣，并将太宁宫改名为寿安宫。

金世宗因为太宁宫距都城较近，来往方便，经常来此避暑游幸。

《金史·地理志》载："京城北离宫有太宁宫，大定十九年建，后更为寿宁，又更为寿安，明昌二年更为万宁宫。"

《金史·张仅言传》载：张仅言"大定六年（1166年）提举内役事。……护作太宁宫，引宫左流泉溉田"。北方的女真族是游牧的少数民族，在取得政权后，开始重视农业，金世宗采取了

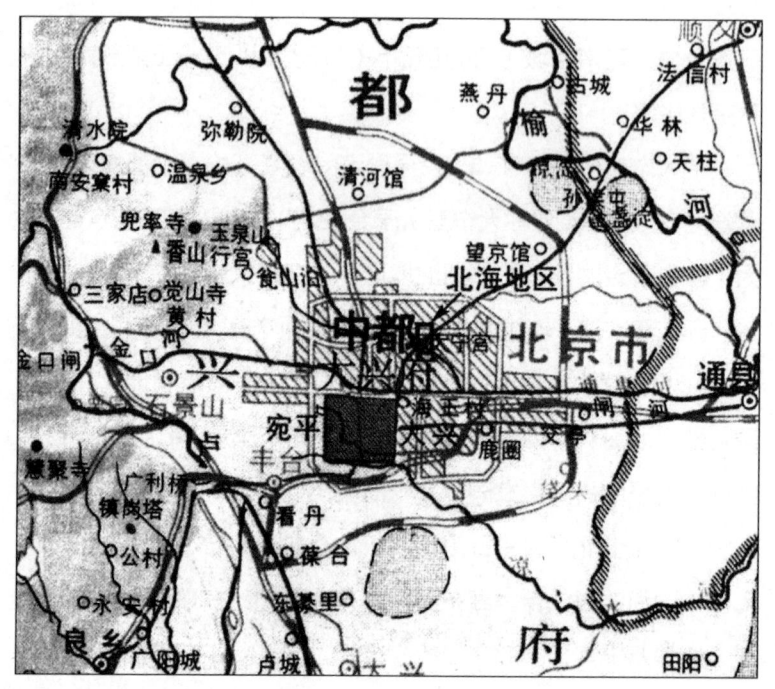

金大安元年（1209年）北海（大宁宫）位置图

一系列发展农业的措施，张仅言利用太宁宫左丰沛的流泉灌溉农田，广种水稻，喜获丰收，使之"岁获稻万斛"。

金章宗更是喜爱太宁宫，在此处理金国政务，经常与诸大臣在此摆宴，观赏中秋月色，饮酒作乐，接见朝臣，当时的万宁宫是皇室活动的重要场所。明昌六年（1195年）五月，"命减万宁宫陈设九十四所"。北海"太液秋风"和"琼岛春阴"在金明昌年间就被列为燕京八景之一。

在金朝后期，由于政治腐败，加上地震天灾，蒙古骑兵入侵，国势已衰。金贞祐三年（1215年），蒙古军元帅石抹明安率军攻取金中都前，先期攻占了万宁宫，并对这一离宫区进行了焚掠。

万宁宫虽受到一定的破坏，但仍较完整地保存下来，"虽多坏宫阙，尚有好园林"。

公元1224年，燕京行省将琼华岛赏给丘处机为道宫，因为战争造成的创伤，琼华岛已经残破不堪。丘处机用化缘来的钱，对琼华岛进行了修缮，从此琼华岛成为道教弘扬教义的地方。

自1227年丘处机死后的几十年间，琼华岛上的道士不珍惜园中建筑，任意拆毁，琼华岛日趋荒芜，遍地野蒿。

中统元年（1260年）世祖忽必烈自和林来到燕京，因金中都已被烧毁，琼华岛虽然荒废，但一些房屋建筑经过修缮仍可以利用，于是忽必烈暂居琼华岛并在这里处理政务。至元元年（1266年）开始，世祖忽必烈对琼华岛进行了大规模的扩建与修葺，并以琼华岛为中心，建起了一座宏伟的新都城——元大都。从此琼华岛以及所在的湖泊划入元大都皇城之中，琼华岛及其园林地位随之发生了变化，由原来都城外的离宫，变为都城内的皇城御苑。琼华岛奠定了北京城的基础，是北京城的发源地。

《日下旧闻考》载："元万寿山即金之琼华岛，陶宗仪《辍耕录》及元史或称万岁山，盖当日相沿互称。""万寿山"沿袭了金太宁宫一池三山的格局，保留了金代建制，添建了大量的楼台亭阁，同时开拓了东岸，建了灵囿，饲养珍禽异兽。在岛上广植花木，"峰峦隐映，松桧隆郁，秀岩天成"，琼华岛四周水面广植莲花，放养鱼群，景致幽美，情趣盎然。

元代，在大规模营建琼华岛等建筑的同时，还创造了人工水景工程，产生喷水、瀑布、溪流等人工水景。

万寿山是元皇室在大都城内游幸活动的重要场所,在这里举行皇家典礼、发布命令、接见朝臣及外国使臣,在政治、佛事、游幸活动中占有重要地位。

元大都每年要从南方运进粮食百万石以上,有时达到三百万石,从水路运到通州,从陆路运进城内。为使水路运输直达大都,至元二十九年至三十年,由郭守敬主持大都(今北京)通惠河开凿工程,由昌平引来白浮泉水,再上游沿着"西折南转"的走向,修筑了一条白浮渠堰,流入瓮山泊,再开挖通惠河下游渠道,将水导入高梁河上源接济大都漕运。通惠河的开辟,使这条河道贯穿于大都城的心脏地带,促进了大都经济繁荣,对元朝的政治、

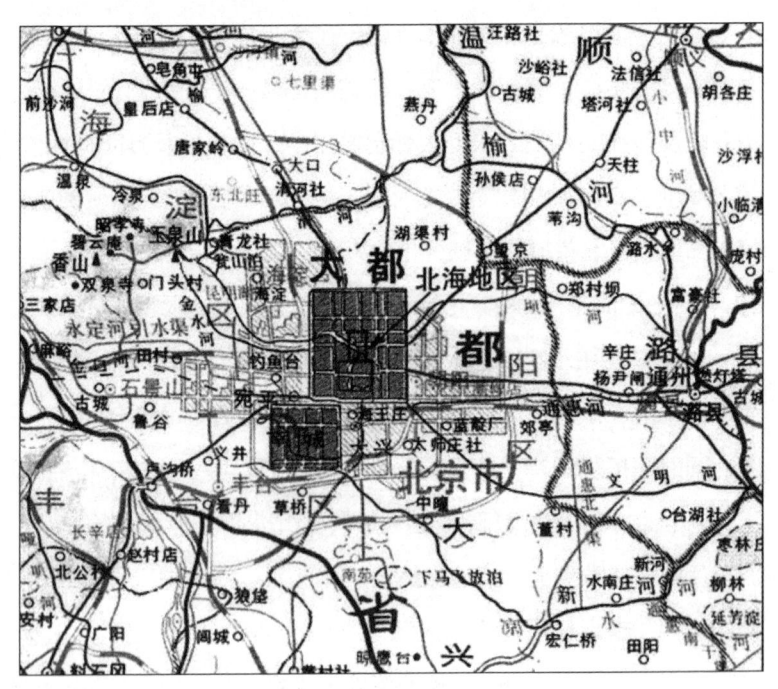

元延祐三年(1316年)北海地区位置图

经济、军事、文化方面起到了重要作用,同时,给北海太液池也提供了充沛的水源。黄仲文《大都赋》说:"华区锦市,聚万国之珍异;歌棚舞榭,选九州之秾(花木繁盛)芬。"至今,这一水系上形成的湖泊,仍然与北京市民的生活有十分重要的关系。

明朝皇帝朱棣于明永乐四年下诏迁都北京。永乐五年(1407年)至十八年,在营建北京宫殿、坛庙的同时,对北海御园进行了大规模的修建,将太液池挖出的泥土填平团城前面湖泊。成祖之后,随着皇室到西苑游幸增多,明帝对园中不断修葺与扩建,先后建成了北海西、北岸部分景观如西天梵境、阐福寺、太素殿、雷霆洪应殿(今北海幼儿园旧址)、五龙亭、大西天经厂以及全部用金丝楠木建成的大慈真如宝殿,规模宏伟。北岸西北有天鹅房、虎城、豹房。明弘治二年,修建了金鳌玉蝀牌楼,横跨太液池东西,太液池水面从此一分为二,《金鳌退食笔记》载:"禁中人呼瀛台南为南海,蕉园为中海,五龙亭为北海。"从此形成西苑三海的格局。对山上广寒殿进行了修复。对元代的建置仍予保留,保持了元代的格局。

明末,皇室游幸日稀,西苑万岁山也随之荒废。广寒殿于"万历七年五月,忽自倾圮。其梁上有金钱百二十文,盖镇物也。上以四文赐予,其文曰:至元通宝"。

清顺治元年(1644年)五月二日,清朝军队进占北京,十月十一日,顺治帝颁诏天下,定都北京。清朝初期,对全国的统治尚未巩固,社会动荡不宁,清帝还无暇顾及修葺园林。北海这座园林自明朝末年内困外患,皇室活动游兴日稀,因此一直荒废,园内楼台亭阁残破不堪。至顺治八年，清顺治帝根据西藏喇嘛恼木汗的建议，在琼岛山顶广寒殿旧址，修建了白塔，山称"白塔山"，修建了普安殿、正觉殿、圣果殿、宗镜殿等建筑称"白塔寺"。康、雍两朝，白塔因地震倒塌，两次重修，园内建筑也有所修建。

清代定鼎北京之初，国家尚未稳定，为了防止突发事变，利用白塔山制高点，安放信炮，立五虎号竿，驻扎亲兵，白天升旗，夜间燃灯并设有金牌，上书"奉旨放炮"字样，存于大内，专为防变所用。清朝廷为此制定《白塔信炮章程》规定若干条文。清朝后期，奉旨撤除。

历史上每个朝代大规模地修建园林，都是这个朝代最鼎盛时期，因为修建园林需要大量财力支持，所以必须采取一系列政策适合生产力的发展。乾隆时期，由于康雍两朝经济上的发展，物质财富的积累，社会稳定，为兴建皇家园林奠定了雄厚的经济基础，自乾隆七年至四十四年，进行了长达38年大规模的营建。先后在白塔山、湖东、北沿岸及团城新建各式殿宇、门座及坛庙建筑共计126座、亭子35座、桥25座、碑碣16座；重修或改建各类建筑12座。其中有著名的两处珍藏书法石刻建筑阅古楼、快雪堂；建有永安寺、大西天、大圆镜智宝殿、阐福寺、万佛楼、极乐世界殿等皇家寺庙建筑群；从江南移植来的濠濮间、画舫斋、镜清斋三处园中之园。此外，还疏浚湖池，增砌泊岸、码头，清挖湖池，铺种草皮，广植花木，堆砌假山、石洞、山峰，建成了一座继承中国历代建园传统，博采各地造园技艺之所长，兼有北方园林的宏阔气势和江南私家园林情调，体现帝王雍容磅礴气势的皇家御苑。

自乾隆年间兴建北海后，嘉庆、道光、咸丰、同治几朝对北海没有较大的修建工程。百年中，多数建筑年久失修。光绪初年，随着慈禧太后和光绪帝到北海游幸的增多，对园内大部分建筑年久失修的状况深感不适，于是慈禧不顾国库已竭，外敌当前的现实，挪用海军军费，大规模地修葺北海园林。此次工程规模十分巨大，专门成立"三海工程处"，派遣朝廷重臣亲自主持工程，还经常派太监总管李莲英到工地监督并传达慈禧旨意。在修建中花费重金从天津、上海、广东及香港、东南亚等地购置大量紫檀、楠木及装饰殿宇的陈设、细软等物，此次修葺北海工程耗资甚巨，乾隆朝兴建的园林建筑大部分被修葺一新。据内务府档案记载，主要修缮的有：团城上的承光殿、东西配殿及周围城墙；白塔山上的善因殿、宙鉴室、酣古堂、延南薰、承露盘、环碧楼、交翠庭、古遗堂、倚晴楼、分凉阁、长廊及漪澜堂院内全部建筑；东岸的濠濮间、画舫斋全部建筑及五神祠；北岸的镜清斋、澄观堂院内部分建筑及大圆镜智宝殿、澄性堂、阐福寺等。除修缮工程外还添建了一些建筑，如在永安寺、团城、琳光殿以及东、北、西岸等处添建了值房；镜清斋院内添建了叠翠楼。自中海瀛秀园至北海镜清斋前还铺设了一条铁路，供慈禧乘小火车游乐。

光绪二十六年（1900年）七月，八国联军侵占北京，进驻北海苑内，许多建筑惨遭毁坏。据《义和团史料》载："庚子之役……三海子为各国分据。"北海子仙人掌（铜仙承露盘）下至北园廊一带（漪澜堂院落）为法兵据守，其东北各处（东、北岸）则英

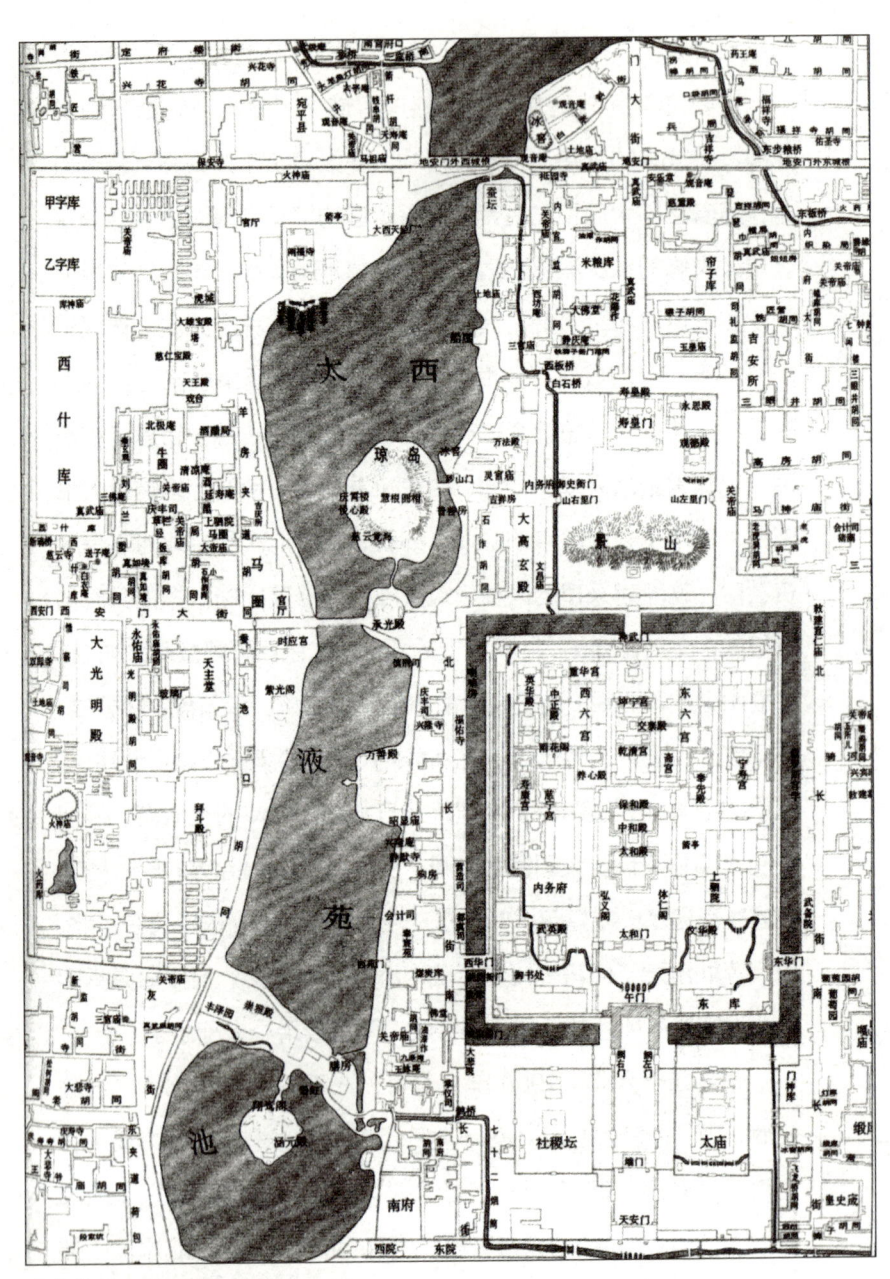

清乾隆时期的北海

据守。并对园内大量珍贵文物，进行破坏和掠夺，积清代近300年，历朝皇帝收藏在苑内的宝座、陈设、木器、字画、古玩等被搜刮一空，万佛楼内一万余尊金佛全部被抢走。《庚子记事》记载："西苑三海各宫殿，均有洋兵驻扎。各处陈设，皆被洋人所掳。三海中，北海作践尤甚，雕梁画栋，蹂躏成墟。"

康熙二十五年（1686年），设奉宸苑，铸给印信，苑署在西华门外西苑门旁。奉宸苑兼管苑事大臣，卿2人，掌苑囿之政。所属郎中2人，员外郎4人，主事1人，分管苑囿诸事，笔帖式16人。西苑北海归属奉宸苑管辖，园内设苑丞、苑副各1名，主管苑内一切事务。北海苑内各处殿堂设立首领太监、副首领太监各1名，统领太监若干名，掌管该处殿堂锁匙启闭及值班接驾等事宜。根据内务府制定的条文规定北海的首领总管应授八品官职，享受的俸禄待遇是："北海永安寺设首领一名，八品侍监，（官俸）每月银四两，米四斛，公费银七钱三分三厘。副首领一名，无品级（官俸）每月银二两，米三斛，公费银七钱三分三厘。太监十名（官俸）每月银二两，米一斛半，公费银六钱六分三厘。春雨林塘：首领一名，八品侍监（官俸）每月银四两，米四斛，公费银七钱三分三厘。副首领一名，无品级（官俸）每月银三两，米三斛，公费银七钱三分三厘。太监八名，每月银二两，米一斛半，公费银六钱六分六厘。阐福寺不设首领，属永安寺首领管辖，太监二名，每月银二两，米一斛半，公费银六钱六分六厘。"

《奉宸苑·财务类》记载："所有三海等处总管太监各处值班人员津贴由奉宸苑统一拨给，除每月发给值宿官员园役津贴外，本苑（指北海）日常煤炭茶水纸张等并出运柴草及打扫地面苏拉饭食等杂役银两，照实际花销给予补贴。"

清朝时期，北海日常各项开支均由奉宸苑统一拨给，如遇皇太后、皇上亲旨北海，所花银两如数呈报，由内务府广储司发给。苑内还有大量的园丁、园户、苏拉等，负责园内花木养殖、清扫院落、预备皇差及承办祭祀、喇经活动的杂项事务。在清代随着大规模地扩建北海，增添了许多殿堂、楼阁、亭榭，因而管理北海的首领、太监也逐步增多，管理机构日趋扩大，管理人员分工更细致，管理苑中事物也更具体。光绪十四年（1888年），北海苑内宫役人员共199人。这些由总管首领太监组成的管理机构以及人员编制，一直延续到清末宣统年间。

1913年，随着清朝末代皇帝溥仪退位，清皇室将北海移交民国政府，西苑北海从此结束了皇家御苑的历史。在此期间，园内部分院落相继被中华民国政府的一些机构和要人所占用。军阀部队也在园内驻扎，部分殿堂由军阀部队作为军营，园内古建受到较大破坏。民国八年（1919年）北海阐福寺内大雄宝殿和大圆镜智宝殿被驻军烧毁，致使北海这一重要建筑不复存在。此时的北海苑内已呈"破壁断梲，弥望皆是"的景况。

辛亥革命后，各界人士纷纷强烈要求将北海辟为公园对公众开放，迫于民众舆论压力，北洋军阀政府不得不采取措施，允许中外著名人士、团体进园游览参观。参观游览者须持有中华民国外交部批准办理的北海门照，方可入园。北海园内设有办事处，管理苑内日常事务。民国四年（1915年）内务总长朱启钤根据北海毁坏的状况创议提出修缮北海，由于工程款项较大，决定进行募捐，筹得数万元，主要以修琼岛各处殿堂为主，并且为修北海，专门写了《募修北海琼岛启》一文。

民国十二年（1923年）5月，内务部呈总统曹锟批准，开放北海，并制订《北海公园开放章程》，原驻北海消防队（拱卫军改编）迁出，并成立了北海公园筹办处。筹办处随即招募园工、修路、安电灯路椅、制订门票、建公共厕所等，同时，组织办公处。为了适应开放需要，园内部分房屋租给私商，经营饮食、照相，公园内湖面游船也由私商承包经营。筹办处还拟订了《北海公园游览规则》《售票员遵守规则》《查票生遵守规则》《售票收款办法》及《北海公园投标简章》《北海公园招商营业暨商人遵守规则》。公园内治安由京师警察厅派警驻守，设立警察所，有巡官1名，巡长3名，巡警15名。

1925年8月1日，北海辟为公园正式对外开放，门票每张为一角（辅币）。当时报纸刊载："北海公园于8月1日开始售票，一般人均欲前往，一开眼界，是日虽微雨，而各界游人尚称踊跃。"这是北海御苑建园以来首次对民众正式开放，由皇家禁苑演变为社会各阶层都能参观游览的公园。同年10月30日，依照《修正北海开放章程》召开北海开放捐资绅商会议，成立了董事会。董事会董事由捐资北海开放的绅商、市民组成，会议推选了会长、副会长及常任董事。一个由董事会管理公园的机构从此开始，一直延续到1949年中华人民共和国成立前夕。

北平沦陷后，北海公园成为日本侵略者及亲日汉奸组织活动的主要场所,伪政权还经常到北海园内进行视察,强化治安。此时期,大量的日本侵略者来园内游览参观举行反动活动。1945年日本侵华战争期间,军队物资枯竭,强制推行"献纳铜品运动",北海园内的部分文物被当作铜品掠去。这是日本侵略者野蛮掠夺破坏文物的又一罪证。

1949年北平和平解放,人民政府立即着手保护和接管全市文物古迹工作。市长叶剑英、副市长徐冰亲笔签署命令:派遣干部,接管北海,成立北海公园管理处。当时北海湖水淤塞、园林荒芜、杂草丛生、建筑残破、垃圾成堆,一片凄凉的景象。

新中国成立以后,党和政府十分关心园林事业的发展,每年投入大量的资金,进行修复古建和园林设施,使这座古老的皇家园林焕发勃勃生机,成为人民的乐园。

"文化大革命"初期,园内的部分古建筑及文物受到人为破坏。党的十一届三中全会以后,为了保护北海皇家园林精华,北海公园逐步加强了管理和对古建的修缮以及古树的保护工作。截止到1987年,全园普查古树有583株,其中A级41株,B级542株。

1959年12月11日,位于新街口北契园主人刘文嘉将契园赠予北海公园。契园以养菊闻名,北海接收后,扩大了菊圃面积,使菊花品种达至2 000余种,每年可提供菊展4 000余盆,为公园花卉展览提供了有利条件。1975年,此处建徐悲鸿纪念馆。

1971年,因工程施工需要,决定占用北海景山公园作为施工基地而关门。1978年3月1日北海公园重新开放。

1979年6月15日,北海公园正式将后海水面88公顷及房屋14间移交西城区建委绿化队管理。

1993年，公园进行了以琼华岛为重点的复原修建工程。共复建牌楼6座、亭3座，修复游廊84间，复原法轮殿、正觉殿、宗镜殿、圣果殿、普安殿、善因殿、永安寺山门、静憩轩、钟鼓楼、庆宵楼等殿堂及配套服务设施85间，恢复白塔塔盘的五虎竿和信炮，复原永安寺山门四大天王像、楞迦窟石洞内壁画、佛像、永安寺内各殿佛像、陈设以及静憩轩、庆宵楼、悦心殿等处皇家殿堂陈设。在实施复原工程的同时，还改建了琼岛水系及喷灌设施，铺设了上下水管线，清理了山坡表土，铺装了护坡砖，栽植了树木和草坪等，通过了有关专家的验收和审定。再现了清朝皇室成员游幸驻跸、处理政务的场景。使北海这一世界上建园最早的皇家御园琼华岛，基本恢复了清乾隆盛世时的历史原貌。

2005年琼华岛修缮工程获得国家文物局批准，北京市政府拨款6 000万元，修缮方案先后绘制了近万张图纸，近千幅照片及十万余字的勘测报告，为整个琼华岛古建筑修缮工程奠定了良好的基础。历时一年半的修缮，施工过程中公园与施工、监理、审计各方密切配合，严格按合同文本施工，确保了施工质量。修缮一新的古建筑群呈现出辉煌亮丽的景观效果。2006年7月26日，琼华岛中轴线重新向游客开放。此后，又先后修建了团城、大西天、极乐世界、五龙亭、画舫斋、静心斋、阐福寺、雪池冰窖等古建筑。多年来基础设施也相应地进行了改造，园内地面、河栏杆、码头、公共厕所、污水管道、热力等进行了铺装、改造、修建，使公园整体环境有了较大提升。在安全、服务、绿化、卫生等方面有了很大提高。探索新的管理模式，以园路清扫为试点，实施了社会化管理。改变传统管理模式，实现电脑办公，建立了内部远程综合办公网络，进一步提高了办公效率，减少了文件交换环节。

公园多年来积极开展花卉展览、文化活动，提升文化品位，展示了北海深厚的文化底蕴，激发了广大游客对北海的美好感情，提高了公园的知名度和美誉度。多年来圆满完成国庆等重大节日游园活动和中央领导、重要外宾接待任务；圆满完成了奥运会、残奥会、亚欧首脑会议接待任务。

北海是接待中外游客的重要服务窗口，每年接待购票游客300余万人次以及数百万人次持老年证和年票的游客，这里的山美、水美、环境美成为广大游客最喜爱的皇家园林。

北海，历经五朝的皇家御苑完整地保留至今，其特有的历史价值、园林价值、文物价值、科学价值，赋予这座古老皇家园林极其丰富的文化内涵。与北海历史同期的皇家宫苑，大都毁于朝代更替，只有北海历经沧桑至今仍风姿犹存，成为中华民族乃至世界人类历史文化宝库中独具魅力、不可替代的珍贵遗产。保护好这座历史悠久而又完整的皇家御苑，对于再现皇家园林风貌、辉煌北京古都风采、弘扬中华民族文化、传承人类历史文明有着极其重要的历史意义和现实意义。

北海——世界建园最早的皇城御苑，中国古典皇家园林的典范，必将成为世界人类遗产宝库中最璀璨的明珠，为人类文明发展贡献出其应有的作用。

太液池

北海太液池是西苑三海中水面最大的湖，水面占全园一半以上，面积为38.90公顷（38.9万平方米）。太液之名，取其津润之广无所不至之意。太液池是中国古代建园格局"一池三山"的代表性体现。

北海地区原为古代永定河故道，河流迁移后，残余的河床积水成湖，又有流自今紫竹院湖泊的一条小河——高粱河，分流灌注其中，形成了充沛的水利资源。当时居住在这里的人们在河流湖泊地区，遍植水稻，种稻植荷。日久天长呈现一片江南水乡般的秀美景色，为后来北海园林的形成，创造了很好的自然条件。

元人陶宗仪《辍耕录》记载：为营建太宁宫，金人"开挑海子，栽植花木，营构宫殿，以为游幸之所"，并将挖出的泥土堆山成岛，取名"琼华岛"。

太液池游乐

太液池在北海园林中以优美宜人的山水风光起到绝妙的调节作用,使长年居住在建筑群中的帝王得以亲近自然风光。虽然求仙长生的欲望不能满足,但能在湖光山色之中达到心旷神怡。

元代,皇室乘舟游太液池十分频繁,《辽金元宫词》中描述了元代帝王至万岁山乘舟游太液池的记载:"一曲新凉月上时,鹤团凤队两军嬉。夜深战罢龙归洞,谁道瑶池胜液池。"《元氏掖庭记》记载:至大二年(1390年)八月仲秋之夜,武宗与诸嫔妃泛舟于禁苑太液池,武宗谓诸嫔妃曰:"昔王母宴穆天子于瑶池,人以为古今莫有此乐也。朕今与卿等际此月圆,共此佳会,液池之乐,不减瑶池也。"于是武宗别出心裁下令舟上各设女军,左曰凤队,右曰鹤团。两军水击为戏,战既毕,军中乐作,唱罢龙归洞之歌而还。

《日下旧闻考》载:"元至正十四年,顺帝制龙舟于内苑。其船式长一百二十尺,高二十尺,用水手二十四人,皆衣金紫。自后宫至前宫山下海子内,往来游戏,行时龙首眼口爪尾皆动。"

永乐十五年十一月壬申,金水河及太液池冰凝,具楼阁龙凤花卉之状。上(明成祖朱棣)赐群臣观之。

嘉靖十五年(1536年)五月五日,世宗皇帝召辅臣李时、礼官夏言、武定侯郭勋泛舟太液池，皇帝乘坐御龙舟，命李时、夏言一舟，郭勋一舟，自芭蕉园至金鳌玉𬟽桥再到澄碧亭，皇帝亲赐御肴。大学士夏言把君臣同乐比做鱼水关系，他在《御舟歌》中写道："御舟北，臣舟南。积翠堆云山似玉，金鳌玉𬟽水如蓝。臣舟南，御舟北。云龙会合良及时，鱼水君臣永相得。"

宣德八年（1433年）三月，少保黄淮辞归，上（宣宗朱瞻基）宴饯西苑太液池，宣宗亲作《御制诗》送之，并赐金织衣一袭。

《日下旧闻考》载："上（明熹宗朱由校）数同中官泛轻舠于西苑，手操篙橹，去来便捷。乙丑端午，用绛缯小舟，首尾龙形，上亲持划，同内侍刘思源、高永寿溯流。俄而风起，云雾四塞，舟覆，二珰溺死。太监谭敬急往扶驾出水。"

"崇祯十五年春，上（崇祯皇帝）游西苑，召内阁、五府、六部、都察院、锦衣卫诸大臣从。先于上舟行礼毕，赐馔，分舟而游。日晡，复登上舟谢，乃退。"

在清代，清朝皇帝和后妃更是经常到太液池乘船游兴，因此，乾隆皇帝所写的泛舟太液池御制诗颇多。清乾隆四十年（1775年）乾隆在太液池登舟游览，前方急报军情，遂命登岸，舆中启阅，回宫批答，不暇游览。

据清史记载：清代每年的农历七月十五日，举行盂兰盆会，在太液池湖面放河灯，皇太后、皇帝及嫔妃们都到北海观看河灯。"盂兰盆会"是一种佛教仪式，每逢农历七月十五日，佛教徒为追荐祖先，要作佛事。《宸垣识略》中记载："每年中元，建盂兰盆会，放荷灯，以数千计，南自瀛台北绕万岁山而回，为苑中胜事。"

当时放河灯的场面非常壮观，在农历七月十五日中元节，太液池放河灯，叫作"慈航普度"。几千名小太监手持荷叶，叶上点燃蜡烛，青光闪闪，罗列两岸，太液池上玻璃荷花灯几千盏随波漂荡，中流驾龙舟，奏梵乐做禅诵，龙舟从南海的瀛台过金鳌玉蝀桥，绕白塔山经五龙亭返回。皇太后及皇帝嫔妃们至北海观灯有两处为最佳观灯点，一是团城，一是漪澜堂，每岁中元节为皇太后们摆夜宴，于漪澜堂观看太液池放河灯。

民国期间，《旧京秋词》云："北海灯船彻夜明，游观士女夜倾城。飘零卅六鸳鸯影，想见香阶划袜行。"诗中注：中元前夕北海灯船盛会，倾城往观，女郎拥挤失履，为园丁拾得者36只，登楼招领。

1925年北海辟为公园后，公园董事会利用水面出租划船，供游人游览。中华人民共和国成立后，随着公园建设和发展，逐年淘汰旧船只，增加新颖独特的船只。20世纪80年代后又增加了各种造型新颖的电瓶船、游船10余种。为方便游人增设画舫、汽艇等摆渡船，从南岸长廊漪澜堂至北岸五龙亭，沟通了南北交通。北海南门和太液池东岸、北岸、西岸都设有小船码头，游人可租船乘坐游乐。仿古画舫可容纳200余人，适合团体举办聚会、观光、婚礼等水上活动。

自民国十四年（1925年）北海辟为公园后，便为社会提供了一个文化、娱乐活动的场所。公园董事会在园内增设了一些文化、娱乐、体育等服务设施。夏季举办赛船会，冬季举办化妆滑冰舞会。逢公园开放纪念日、民俗节日及"双十节"（辛亥革命纪念日），园内在湖面放焰火、举办灯彩游园晚会。

中华人民共和国成立后，1951年农历七月十五日，为庆祝抗美援朝伟大胜利，举办大型花灯焰火游园会，湖面上燃放各色河灯千余盏。1957年，为庆祝十月革命四十周年，举办盛大焰火游园会，历时3天。1958年，公园利用水面宽阔的特点，多次举办大型消夏音乐焰火游园活动，湖中燃放河灯及各种焰火，湖中心设置音乐画舫，举行民间音乐会。游园会采取预售门票的方式。同年，还与有关部门联合举办专业性体育文艺游园会、卫生宣传游园会、少年儿童冰上联欢游园会以及划船比赛体育运动大会等大型文化活动。

1960年，公园举办了大型春节焰火花灯游园会，燃放的焰火有连珠花、砖花盆子、民间焰火、转花、火轮礼花弹等867个品种。游园会期间湖内设置四个大型焰火台，北岸天王殿、东岸先蚕坛前设火判，园内古建筑围墙、长廊及露天悬挂各种花灯。游园会历时3天，接待游人66 574人次。

1966年开始"文化大革命"，公园除游船、举办阶级教育展览外，其他文化活动均告停办。

20世纪80年代，利用水面和陆地多次举办大型游园活动，丰富了公园的文化生活。1987年1月10日至2月10日，北海与镇江市侨艺灯彩联合公司举办大型迎春灯会，灯会共展出灯彩佳品2 000余盏，其中有走马灯、戏剧灯、动物造型灯等。灯会共接待游人59.413万人次。

1988年，由北京国际旅游年组委会主办，四川省自贡市恐龙灯会经济贸易交易会与北海公园共同举办"北海龙灯会"，此次灯会规模宏大，共展出47台形、色、光、动、声兼备的35组大型灯组，3000多盏工艺灯，灯会分东、西、北、琼岛、水面等五个展区，五彩缤纷的灯彩布满了整个公园的亭台楼榭与园林山水之间。此次灯会历时46天，接待游人250万人次，外宾及华侨1万余人。

1989年，与四川省成都市联合举办"荷花艺术节"大型彩灯展，为更加突出公园特色，艺术节以"万盏荷花万盏灯，四十盛景迎国庆"为主题，展出了四川省成都市为首都人民送来的四十多个大型灯组以及来自全国20多个省市的1200盆荷花。荷花艺术节历时64天，中外游人180余万人次观赏了规模盛大的灯会，门票收入达427万元。

1990年，"煤海之光：迎亚运山西煤矿彩灯展"在北海举办，此次灯会历时75天，盛况空前，接待中外游人250多万人次。

1991年举办"北海之夏游园会"，自7月19日开幕至9月1日结束。游园会成为广大游人群众消夏休闲的好去处。游园会期间共接待游人120余万人次。

1992年7月，举办"92北海之夏：洛阳牡丹灯会"。灯展共有景灯60余组，宫灯400盏，并有"威风锣鼓""安塞锣鼓""少林武术"表演及木偶剧演出等。灯会于9月1日闭幕，历时46天，接待游人128万人次。

为使广大市民在城区有个冰雪活动的场地，北海公园自1988年起至1994年，每年1月份均举办冰雕艺术节，增加游人冬季室外活动的情趣。

皇家冰嬉

在清代，每逢农历十二月八日，在太液池进行冰嬉活动，庆霄楼上是皇太后观赏冰嬉的地方。"冰嬉"为清国俗，乾隆时期最盛，经常举行冰嬉比赛。冰上掷球是冰嬉的一种活动，由两组人参加作竞技表演，表演者所穿冰鞋极为简陋，仅在鞋底下嵌一铁条或铁齿，在冰上飞跑，喧笑驰逐。比赛时表演者分左右两队，左队穿红衣，右队穿黄衣，罗列两旁待命。这时其中一个队员将一皮制圆球用力猛踢到中部，然后两队众兵争先抢夺，往来追逐，胜者有赏。同时由一二百人组成的执旗队和执弓矢队在冰上盘旋奔驰，从庆霄楼往下望去犹如两条长龙蜿蜒而至，场面十分壮观，在冰场正中设一旌门，上悬一球，名曰"天球"。下悬一球，名曰"地球"，由执弓箭队奔驰而至先射天球，再射地球。中者获巨赏。此队射毕，由原路蜿蜒盘曲各归本队，最后执旗者全部用幼童以象征龙尾。比赛结束后由八旗兵做各种冰上表演。乾隆曾在御制庆霄楼诗中写道："冰鞋队在液池西，长至才过集健儿，鞠蹴分棚旗八色，庆霄楼上看冰嬉。"

乾隆五十三年（1788年），乾隆帝请所有年班藩部、暹罗贡使，并台湾生番观冰嬉，这天早上，乾隆帝在西苑用过膳，所有年班藩部、暹罗贡使等在西华门外迎谒。上年，福康安征剿台湾林爽

庆霄楼后门——垂花门

文，台湾生番各头目协力效命，颇为踊跃，朝廷大加赏赐。此次台湾生番各头目来京，是特向朝廷谢恩的，受到乾隆帝热情接待，并令一同观冰嬉。

《金鳌退食笔记》中记述："(太液池)冰上作掷球之戏，每队数十人，各有统领，分伍而立，以皮作球，掷于空中，俟其将堕，群起而争之，以得者为胜。或此队之人将得，则彼队之人中蹴之令远。喧笑驰逐，以便捷勇敢为能。本朝用以习武。所著之履皆有铁齿，行冰上不滑也。"

光绪二十年（1894年），光绪皇帝拟仿乾隆奉太后观冰嬉的前例，谕派领侍卫内大臣、礼亲王世铎、庆亲王奕劻选拔宗室八旗子弟滑冰熟练者应差，并向内务府查取乾隆时期冰嬉方案及图册，行文宗人府、八旗各衙门选送滑冰熟练者，不论官阶大小一律受训，又指定地安门外什刹海作为滑冰教场。同时又命内务府造办处制作冰鞋。参加冰嬉大典的所有应差大臣以及太监等均穿冰靴，此冰靴式样独特，即在靴上绊一皮条，皮条连紧小铁板，板上有小钉三个。旧历腊月初八辰刻（7时），光绪恭奉慈禧皇太后率领皇后及各宫嫔妃、宫女、太监等到漪澜堂之碧照楼。由王大臣传旨开始按图表演冰嬉。表演者穿戴顶翎衣装，人人精神抖擞，施展技艺，当时有汉军旗张氏弟兄二人合演花样滑冰，可称艺出群伦。冰嬉表演者分为两队如同左右翼两条大龙，步伐异常整齐，一丝不乱。射天球、地球者亦能人人射中，两宫天颜大悦。当时太后降旨：所有应差人员，每人赏给荷包一对，包内有金银锞二锭，单演花样者每人加赏尺头二件。演毕跪于冰上向皇太后谢恩。冰嬉大典自辰初开始至午初（11时）方毕。

明清时还盛行一种冰上游戏，称"冰床"，也叫"拖床"，是冬季皇帝及嫔妃们来北海游玩及拈香时乘坐的主要交通工具。《明宫史》载："嘉靖二十一年（1542年）正月十六日，皇太子（朱载壑）自宫中往（西苑）见（世宗）乘（拖床）绝河冰而过（太液池）。"

天启年，"西苑池冰既坚，以红板作柁床，四面低栏亦红色，旁仅容一人，上（明熹宗朱由校）坐其中，诸珰于两岸用绳及竿前后推引，往返数里。"

乾隆帝写有不少坐冰床渡太液池诗，其中写道："破腊风光日日新，曲池凝玉净无尘。不知待渡霜华冷，暖坐冰床过玉津。"

据清代《帝京岁时纪胜》记载："太液池之五龙亭前，中海之水云榭前，寒冬冰冻，以木作床，下镶钢条，一人在前引绳，可坐三四人，行冰如飞，名曰拖床。"这也是冬季往返西苑三海的主要交通工具。

清代每年冬季奉宸苑都要派人检查冰冻情况，检查时演试冰床压试冰面是否坚固，再预备冰床。光绪十二年（1886年）《奉宸苑财务类册》记载："北海有楠木拖床二乘、杉木拖床二乘、轿拖床两乘、伞拖床二乘、蓝车蓬楼床二乘、榆木拖床二乘。"

清朝以后，冰嬉和冰床活动流传到民间，成为冬季人们所喜爱的体育活动。

莲花荷藕

据史书记载：在金代，北海太液池就广植莲花，这里风景秀丽，当时，莲花主要是为了观赏。清代管理北海的苑丞、苑户每年都要向皇室奉献一定数量的莲藕，以供御膳房用。据清室档案记载：管理北海的苑丞、苑户每年都要向皇室奉献一定数量的莲藕，以供御膳房之用。道光年间《奉宸苑财务类》记载："收三海莲藕折合银一百零五两。"《啸亭杂录》记载："御河三海诸处，岁有莲藕之租，均量地薄征，以供内廷植花卉之用。"

《奉宸苑册》详细记载了向皇室奉献莲藕的规定日期、种类、数目。北海苑丞吉增、文勋呈报：从本年（光绪三十一年）六月初六至八月十五日止，北海呈进皇太后、皇上茶膳房鲜藕、酿藕、莲蓬、菱角、鸡头等差,供皇室交差用鲜藕6200斤,每斤合钱1吊文,共用6200吊文。交差用莲蓬800把,每把1吊文,共用钱800吊文。交差用菱角550斤,每斤600文,共用330吊。交差用鸡头6500个,每百个5吊文,共325吊。交差用老藕4500斤,每斤500文,共2250吊。而预备承应皇太后、皇上御膳房茶房鲜藕、酿藕、莲蓬、菱角、鸡头等差,共用钱3010吊文。又记载:"本年由七月初八立秋起至八月十五日止,承应预备皇上酿藕400斤,每斤合钱1吊文,共用钱400吊文。收荷叶10500斤,红花藕960斤,卖5成共收钱459吊。"从这笔明细账中,可以得知当年利用湖水种植荷花、莲藕,不仅可以向皇室奉献专供御膳房、茶房之用,还可以卖掉一部分补偿北海苑户老藕差(指专门种植莲藕的园役)所需要的一切费用,包括"办买家具大小桶只、席、蒌、绳、杠、扁担、皮岔、布匹、交差饭食"等等。

光绪八年(1882年),慈禧太后频繁来北海游幸,觉得摘收莲藕,破坏了园林景观,因此下懿旨:"所有三海莲花、荷叶、藕,均着看管严禁,不许再动,以备赏玩。"每到荷花盛开时节,慈禧太后和皇室人员都要来此乘船观赏湖中景色和沿岸美景。直到后来慈禧转到颐和园行宫,来北海渐少,北海又恢复摘收莲藕。向皇室奉献莲藕的惯例,直到清皇室逊位而告结束。

民国十四年(1925年)记载:第一次事务部常任董事会议决定,本年水产自行试办一年。当即雇佣水产夫役11人,由园自行督责办理,除游船线路不种水产外,兹将划定各段水产种类分列如下：

一、由永安桥迤东至陟山门迤南种红花荷藕。

二、由儿童体育场经船坞，蚕坛转而松坡图书馆迤东沿岸种红花荷藕、菱角、鸡头。

三、后门洋灰桥迤西种白花荷藕。

四、由五龙亭至琳光殿前西岸种红花荷藕。

五、琳光殿前迤南沿西岸种鸡头。

六、漪澜堂码头前左右种红花荷藕。

以上各项水产本年所得结果尚佳，经此试办一次，种植已略有规模，拟明年仍将后门至静心斋地段分别种植荷藕，并将苇根一律刈尽，或较本年更有进步也。1950年，北海湖面进行清淤工程，对于荷藕养殖进行调整，只保留部分湖面荷藕。

皇家冰窖

在北海公园东门外，有一条很短的胡同叫雪池胡同。这里就是皇家储藏冰的冰窖所在地，雪池胡同也是因冰窖而得名。这里的冰窖建于明代，原来有六座，现仅存两座。

明清时期北海冰窖的作用是冬季采北海太液池之冰储存起来，备皇室冷藏肉类、果品、蔬菜和暑期防暑降温之用。祭祀的供品要用冰镇保鲜。夏季，权贵们也用冰来防暑降温、制作冷饮及食品保鲜。

《帝京岁时纪胜》载："腊八日御河起冰贮窖,通河运冰贮内窖,太液池起冰贮雪池冰窖。"

据《大清会典》记载,清朝在京城共分四处设冰窖18座,统由工部都水司掌管,共储冰20.57万块,每块冰一尺五寸见方,重量约80公斤。这些冰窖有砖窖、土窖之分,所储之冰因取自水源不同,冰质也有高下之别。据记载:雍正三年雪池冰窖每年藏京河冰三万八千四百二十六块,每块给价银四厘二毫。

清朝的工部都水司有采冰差役定员120名,每年冬至后半个月开始在故宫护城河、北海、御河等处采冰,人手不足还要加雇短工。由官家提供皮袄、皮裤、专用的"草靰鞡鞋"和长筒皮手套。在河湖封冻之前,还要先"涮河",即捞去水草杂物,开上游闸门放水冲刷,再关下游闸门蓄水。开采前还要由工部派官员祭祀河神。采过冰的水面待再次封冻后,还可以再采。一个冬季可以重复采冰"三茬"到"四茬"。采得之冰,由没技术的短工运至冰窖,再由有技术的差役码放,要由冰窖最里边码起,一直码到窖顶,然后封门待夏天取用。清朝对供冰时间也有规定,从阴历五月初一起至七月三十止。

清光绪十六年(1890年)十一月二十七日,海司房传:"现在皇上驻跸画舫斋其经由御路地面理宜洁净,所有工部年例在北海插标打采冰块,窖役人数众多,往来拉运,恐于御路地面有碍,殊不足以昭敬慎。今奉懿旨,著改在紫禁城护城河采打。"

清朝的冰窖有"官窖""府窖"的等级规定,进入民国时期,才有民营冰窖。民国五年（1916年），公府庶务司杨存毅包办北海水产冰窖，每年租金4 000元，合同三年。除每年义务供公府及皇室用冰8 000块外，其余冰块及水产各物由包办人经营售卖。

民国十年（1921年）十一月，北海水产由私人李钧承包并与公府庶务司签订合同。合同中规定：每年租金现洋4 000元，分两期缴纳；承办人旱涝盈亏与府庶务司无涉；北海船坞及冰窖六座均归承办人管理；公府每年用冰4 000块，均由承办人报效，不取冰价工资。

民国十四年（1925年）12月17日，北海公园事务所与承租冰窖商人签订包租北海冰窖合同。承租北海冰窖人王德山与北海公园事务所双方签订条件如下：包办北海冰窖每年认租1 300元整。冰价分三期缴纳；承租期限自订合同日起至民国十五年十二月止，到期即将合同交回；冰窖岁修应归承租人修理，但须报明查验后方准施工，大修由事务所自行修理；打冰不得有碍水产、冰床路线及溜冰场；每年应交执政府官冰1000方，公园董事会用冰100方；打冰时所有工人出入公园应由承租人开具名单，发给腰牌、用后即行交回。

北海陟山门外迤北雪池胡同内有冰窖6座，窖在地下4米左右，花岗岩铺底，花岗岩砌墙，上边用二样城砖发五伏五券砖拱，黄琉璃瓦盖顶，硬山黄琉璃正脊及排山脊。各窖设一门，门外砌一比窖底深1米的砖井，作为消除融化冰水用。

新中国成立后，北海每年冬季采冰，作为夏季供应市场，70年代末停止窖冰。1978年，拆除了雪池冰窖1号窖，翻建成公园双路供电配电室。填平了2号冰窖，改成了公园铁工车间。1984年拆除雪池冰窖3号窖券顶，改建为带地下室的工人集体宿舍。拆除4号窖券顶改建为带地下室的工程队办公室及职工休息室。现在只保留了5、6号两座冰窖。2004年"雪池冰窖"被列为北京市第七批文物保护单位。2006年这两座冰窖进行了修缮。

东山南亭位于东岸冰窖门北土山上，为1953年添建。建筑面积14.44平方米，自然形柏木柱，灰筒瓦四角攒尖屋面，装楣子坐凳。青砖台基水泥抹面，砌砖抹水泥台阶。

东山中亭位于东岸东山南亭北土山上，为1953年添建。建筑面积12.07平方米，套方形（两个主亭套在一起），自然形柏木柱、灰筒瓦双攒尖屋面，装楣子坐凳。青砖台基水泥抹地面，砌砖抹水泥台阶。

东山北亭位于东山中亭北土山上，建于1953年。建筑面积11.56平方米，矩形，自然形柏木柱，灰筒瓦四角攒尖屋面，装楣子坐凳。青砖台基水泥抹地面，砌砖抹水泥台阶。

船　坞

在北海东岸有一组临湖而建高大的船坞，是明代始建的"藏舟浦"，藏有龙舟、凤舸御用船，供皇帝乘舟游览享乐。"北牗口东岸曰船屋，冬藏龙舟之所。……方船制长十丈九尺，阔二丈九尺五寸，为方形。嘉靖十七年于禁苑成造。以备御用。置坞居之，龙凤船肖龙凤形，饰以五彩，置坞二处居之。"

清代对船坞进行了改建，重檐，方整条石基础，共11间，南为船只出入口。《大清会典则例》记载："北海太液翔鸾船一，轮船一，扑拉船一，对子船二，板船三，牛舌头船二，皆奉宸苑掌之。"

民国十四年（1925年）公园开放后曾对船坞进行修缮，《北海公园事务报告》中记："船坞及附属房屋，年久失修，残旧不堪。本年规定各项存船办法施行以来，保管船只已达60余支，游人络绎不绝，允宜重加修葺以壮观瞻。"遂于夏秋间招由中和、富兴两商承修各项工作如下列：

北海船坞

一、船坞：拆砌北山墙，揸补挑顶，柱石拨正，油饰见新，并添安栅栏，装修电灯。

二、群房及门墙：东房九间揸补墁地，添门窗，加以油饰，作为管理室、候船室及司船人、水产夫役宿舍之用，并将正门口修整。院内墙垣一律见新。

1973年北海公园全面大修期间，将北房五间向北推移10米，改建成北房七间，大船坞大木进行拨正，归安部分条石及石柱顶，增加金属拉杆，配齐上层推窗。全院建筑及大门全部油饰见新。1975年翻修院内地面，改为水泥大方砖。1984年在北房后建成修大船船坞1座，由公园工程股设计，公园工程队施工，投资4.33万元。

琼华岛

过了永安桥即为琼华岛，永安桥也称"堆云积翠"桥，是连接团城与琼岛的纽带。桥的栏板雕刻荷叶纹墩及莲花纹望柱头。桥南北两端各有四柱三楼绿顶红柱牌楼一座，色彩鲜明，枋心蓝底金字题额，北为"堆云"，南为"积翠"，系乾隆皇帝御笔。堆云、积翠高度概括了琼华岛的精华，以"堆云"比喻岛上的太湖石仪态万千，以"积翠"比喻琼华岛郁郁葱葱，凝聚一派青翠。

堆云牌楼

　　永安桥初建于元代至元三年，当时桥两端为石料结构，中间由木船架浮桥，据清内务府档案载：乾隆八年（1743年）三月十日，拆卸堆云积翠桥一座，改建转湾石桥一座，拆挪堆云牌楼一座，拆修积翠牌楼一座。清乾隆三十三年（1768年）四月初二日，清内务府奏案："永安寺前三转桥中空桥板栏杆照两边石桥石栏杆改做。此座三转桥通常二十五丈九尺，宽二丈三尺二寸，高一丈二尺。拆去中空木栏杆桥板，改发石券金门，面宽一丈四尺，中高九尺六寸。拆改金刚墙，……添安汉白玉石栏板十四堂柱子。"此项工程于乾隆三十六年（1771年）永瑢率领司员进行了查核。清内务府奏案载：原办监督郎中七十一明山承办永安寺前三转桥中孔，拆去桥板木栏杆，改发石券，拆改金刚墙，添安旧青白石券以及中孔两边圈塔土坝等项工程。原估物料工价银一千六百七十九两二钱一分八厘，实净销银一千六百十三两六钱一分六厘。

　　桥的两端各有一对石狮分列两侧，两对石狮石质不同，这两

积翠牌楼

对石狮是为永安桥而设置的。桥北端即为琼华岛。

北海整个园林布局以琼华岛为中心，岛上翠柏苍松、楼台殿亭、画阁曲廊、叠石岩洞、建筑别致，巍巍白塔立于琼华岛之巅，成为北海的标志性建筑。

琼华岛在金元时期是神仙宫苑的蓬莱，是太宁宫内的主要景区。

太湖石与山石造景

太湖石是太湖之中的石灰岩岩石，经过长期波涛的冲击和风化溶蚀而成。太湖石有青、白、黑三色，质地坚硬，浸润不枯。有"瘦、透、漏、皱"四大特色。北海琼华岛的这些太湖石来源于北宋都城汴梁万岁山御园。

北宋政和年间，宋徽宗在都城汴梁（开封）营建御园，筑万岁山。因按八卦方位，东北为艮卦方位，故名"艮岳"，岳即山岳之意。据《艮岳记》载：筑山号寿山艮岳，命宦官梁师成专董其事，委任朱勔在平江设置了应奉局，动用数万民夫在太湖水底采集湖石运往汴梁。当时运送花石的船队，每十船为一纲，号称"花石纲"。用大船沿运河北运，岸上则用成千的纤夫拉船，河床窄处就下令民夫挖宽，桥梁低矮阻船，就拆桥，费时几个月才运到。宋代周密《癸辛杂识》载：为了使太湖石不易折损，"先以胶泥实填众窍，其外以麻筋杂泥固济之，令圆日晒，用大木为车，置于舟中，直俟抵京，然后浸入水中，旋去泥土"。宋朝皇帝为了兴建园林，"所费动以亿万计，凡六载而成，取名万岁山"。

公元1126年，金兵攻破宋都汴梁，灭北宋，"台榭宫室，悉

琼岛太湖石

皆拆毁"。徽、钦二帝成为金人的俘虏,酿成历史上著名的"靖康之耻"。

金大定六年至十九年(1166—1179年)金世宗在营建金中都和琼华岛时,不惜花费很大力气,把湖石辗转运到琼华岛。《金鳌退食笔记》记载:"金人载此石自汴至燕,每石一准粮若干,俗呼折粮石。"清乾隆帝到琼华岛曾写下了"艮岳移来石岌峨,千秋遗迹感怀多""摩挲艮岳峰头石,千古兴亡一览中"的诗句。

在清代,乾隆帝也十分喜爱这些太湖石,他在御制诗中多次提到太湖石。乾隆七年至四十四年乾隆帝在对北海大规模的兴建中,琼岛部分景区的太湖石假山、石室对景观布局的修建产生影响,为了达到建筑与周围布局更趋于合理,不得不对原来的太湖石假山进行部分调整。另一个重要原因,乾隆皇帝在大规模兴建宫殿和园林中,也需要太湖所产的湖石点缀庭院、园林景观。但从千里迢迢江南太湖水底开凿湖石,再辗转运到京城已十分困难。于是将琼华岛部分太湖石进行拆改,根据工程需要运到御花园、宁寿宫、瀛台等处。在兴修北海中根据新建景点的需要,多次补进北方黄太湖石和青石,据《清内务府档案》记载:乾隆十七年(1752年)"永安寺山周围添堆土、山石,露土处贴草皮一千八百五十余丈。玉带桥河内添堆青山石高峰。永安寺山后扇面房(延南薰)东西两边成堆黄太湖石山洞、高峰、山道并琼岛春阴碑南成堆青山石高峰,约六百五十四车,添黄太湖石二千九百一十三车。琼岛春阴南成堆青山石高峰二座,山道二十一丈(67.20米)。办买青山石一千五百六十二车,共用银八千六百四十七两七钱三分八厘"。乾隆十八年（1753年）四月初一日奏案："永安寺西佛殿后添建佛殿三间……起刨山势，成堆黄太湖石山峰。"

乾隆三十七年（1772年）二月初三日奏案："永安寺山后西北添建楼座房间、游廊、八方亭、垂花门以及堆做黄太湖石石洞、石壁、山峰、山道，成造以上楼座、游廊七座，计二十四间，以及成砌院墙、铺墁砖地，起刨山势，油画糊裱等工程。白塔西边太湖石，宁寿宫（故宫内）拆运三百七十七块，其所拆方位补堆青山石。"

虽然乾隆年间对琼华岛太湖石假山拆改很多，但仍保留了大部分太湖石，形成了今天的态势。

中华人民共和国成立后，北京市进行大规模的城市建设，拆除了一些院落的假山并将它赠予北海公园。1953年德胜门内三不老胡同建住宅楼时，将黄太湖石350立方米赠送北海，堆叠在琼岛东南方山脚处。1954年西长安街建电报大楼，工地清挖出青山石200余立方米，公园派工人拉回，堆叠在濠濮间南出水口及补充作青山石泊岸用。1955年建北池子骑河楼内北京市妇产医院时，清挖出黄太湖石和青山石200余立方米，运回后堆叠在陟山门北冰窖口北山脚处及景山前山脚散点用。同年，地安门外白米斜街居民院内（原张之洞宅）拆除危险假山，将所拆黄太湖石50余立方米赠送北海公园，堆叠在北海北门闸口南及永安寺山门两侧。1974年，新街口南正觉胡同居民院，将假山拆下之黄太湖石及青山石200余立方米，堆叠在永安寺东道口和永安寺东山道内。此外还有东直门内南小街、地安门东锣鼓巷内、东单北大街、西四五条、新街口中学等居民院和单位赠送的黄太湖石和青山石约 100 立方米，分别堆叠在东大山山脚下及维修琼岛春阴碑上坍塌假山补充使用上。此时期共增添假山石 1100 立方米。

在上述山石拆卸、运回过程中，用的工具都是铁镐、撬棍、麻绳和小拉车等简易工具。危险性也很大，但都圆满地完成了任务。

1985—1988 年，分别购进黄太湖石和青山石、黄太湖石堆叠在陟山桥东头往南泊岸上坡和这一带的土山山脚处，青山石堆叠在北海公园北门迤西土山上做山道、散点和防止水土流失而用，以及极乐世界殿到水西门一带做草地护坡用，共约 1000 立方米。太湖石和北方山石是北海皇家园林景观重要组成部分，与花草树木、楼阁亭台、溪泉湖池有机地组合，形成优美的园林景观，创造出园林意境，丰富了园林内容。

琼华岛的荒废与崛起

公元 1223 年，成吉思汗铁木真派遣近侍官刘仲禄召见邱处机，太祖诏书写道："自干戈而后，伏知先生犹隐山东旧境，朕心仰怀无已。岂不闻渭水同车，茅庐三顾之事？奈何山川悬阔，有失躬迎之礼，朕但避位侧身，斋戒沐浴，选近侍官刘仲禄备轻骑素车，不远千里，谨邀先生暂屈仙步，不以沙漠悠远为念，或以忧民当世为务,或以恤朕保身之术,朕亲侍仙座,钦惟先生将咳唾之余,但授一言斯可矣。"(引自元陶宗仪《辍耕录》)邱处机对于成吉思汗的盛情深受感动,进表陈情道:"不忍相违,且甘当冒雪冲霜,图其一见。"遂同18弟子前往见太祖成吉思汗,太祖十分器重,赐号"长春",称为"神仙",爵大宗师,掌管天下道教。成吉思汗以甲骑数千护送丘处机返回燕京,住进长春宫,……继而燕京行省又将琼华岛赏给丘处机为道宫。因为战争造成的创伤,琼华岛已经残破不堪,丘处机用化缘来的钱,对琼华岛进行了修缮,"师葺之,工物不假",说明当时花费了很大的人力和财力,使琼华岛面目一新,从此琼华岛成为道教弘扬教义的地方。

自1227年邱处机死后的几十年间,琼华岛一直荒废,琼华岛上的道士不珍惜园中建筑,任意拆毁,琼华岛日趋荒芜,遍地野蒿。期间著名诗人元好问(金宣宗时的进士,做过县令,后入朝为左司都事,行尚书省左司员外郎,金灭亡后,回乡从事著述)到燕京住了几个月,同年回到山西,他在离开燕京时写下了《出都》诗,其中写道"历历兴亡败局棋,登临疑梦复疑非。断霞落日天无尽,老树遗台秋更悲。沧海忽惊龙穴露,广寒犹想凤笙归。从教尽铲琼华了,留住西山尽泪垂",诗后自注"万宁宫有琼华岛,绝顶广寒殿,近为黄冠辈所毁",黄冠辈就是指的道士。诗中提到"登临",说明元好问曾登上琼华岛,看到广寒殿已被道士拆毁的景象。1253年,元朝文官郝经[郝经曾力谏与宋朝议和,以翰林侍读学士充任信使赴南宋践约时,被南宋权臣贾似道扣留于真州（今江苏仪征），至元十二年获释北归，是年病卒］"岁癸丑夏，经入于燕，五月初吉，由万宁故宫登琼花岛。徜徉延竚，临风肆瞩，想见大定之治，与有金百年之盛"，慨然有怀，面对琼华岛一片荒凉，写下了"悲风射关，枯石荒残。琼花树死，太液池干。游子目之而兴叹，故老思之而泪潸"的诗句。元代文学家王恽（曾任中书省都事、监察御史、通议大夫）也游历了琼华岛，写下了《游琼华岛赋》诗八首。当时琼华岛乃是一片焦土，片地野蒿。

中统元年（1260年）忽必烈自和林（今蒙古境内）回到燕京，因中都城一片废墟，仍驻跸于琼华岛。由于琼华岛年久失修，岛上的殿宇不足以供皇帝长期居住。"中统四年三月，伊克德勒丹请修琼华岛，不从。至元元年三月，修琼华岛。"

《永乐大典》记："中统四年修万寿山宫殿，命鲜卑仲吉董之。""至元三年，籍高丽民三百人为兵，令君祥统之，从秃花秃烈、伯颜等军筑万寿山。"世祖忽必烈经过对琼华岛进行大规模的扩建与修葺后，将琼华岛赐名"万寿山"，又决定以琼华岛为设计中心，依托高粱河水系建起了一座宏伟的新都城——元大都。

在都城选址上选择琼华岛为中心，主要原因有二。一、金中都已经烧毁，不复存在，而琼华岛万宁宫虽然受到一定破坏，但仍然保存较完整。二、琼华岛周围有着丰富的水利资源以解决城市、宫廷和御苑用水，同时为来往漕运带来方便。因此忽必烈决定以琼华岛以及所在的湖泊为中心建元大都，将琼华岛万宁宫划入元大都皇城之中。琼华岛及其园林地位随之发生了变化，由原来都城外的离宫，变为都城内的皇家内苑。琼华岛奠定了北京城的基础，是北京城的发源地。徐世隆《广寒殿上梁文》称："琼华仙岛，营帝王游豫之宫。盖因前代规模，便有内都气象。"在我国，历朝历代都城都因战乱而被毁，随之皇家园林也成为遗迹，只有北海皇家园林历经近千年，完整地保存下来。

在元代，琼华岛赐名"万寿山"，沿袭了金太宁宫一池三山的格局，保留了金代建制，添建了大量的楼台亭阁，同时开拓了东岸，建了灵囿，饲养珍禽异兽。在岛上广植花木，"峰峦隐映，松桧隆郁，秀芒天成"，琼华岛四周水面广植莲花，放养鱼群，其景致幽美，情趣盎然。

万寿山是元皇室在大都城内游幸活动的重要场所，在政治、佛事、游幸活动中占有重要地位。在这里举行皇家典礼、发布命令、接见朝臣及外国使臣，一度成为元朝的政治中心。

据《日下旧闻考》载：至元元年（1264年）九月，"王（高丽国王元宗王禃）至燕都谒帝（忽必烈），帝再亲宴。冬十月，王辞于万寿山殿，帝赐骆驼十头"。

元世祖忽必烈还经常在万寿山举行佛事祭祀活动，《元史》载："至元八年五月己巳，修佛事于琼华岛。……至元十年（1273年）三月丙寅，帝（忽必烈）御广寒殿，遣摄太尉中书右丞相安图授皇后鸿吉哩氏玉册玉宝，遣慺太尉同知枢密院事巴延授皇太子真金玉册、金宝。……至元十二年（1275年）乙亥，（世祖）遣大臣索罗等备法杖、羽驾、音伎四众，奉迎（旃檀佛像），居于万寿山仁智殿。"

至元十三年（1276年）三月，（南）宋（降）帝及太后至大都，元朝宰相官员等迎到通州，在广寒殿多次举行盛宴。元朝皇帝还经常举行大型游乐活动，《辍耕录》中记载："国朝每宴诸王大臣，谓之大聚会，是日尽出诸兽于万岁山，若虎、豹、熊、象之属，一一列讫，然后狮子至，身材短小，绝类人家所蓄金毛狻狗，诸兽见之畏惧俯伏，不敢仰视。"

《元史·世祖本纪》：至元二十一年（1284年）二月，立法轮竿于大内万寿山，高百尺。泰定二年（1325年）六月朔，葺万寿山殿。四年（1327年），植万岁山花木八百七十本。

元陶宗仪所著《辍耕录》详细记载了琼华岛的建置和分布与形制："广寒殿在山顶，七间，东西一百二十尺，深六十二尺，高五十尺。重阿藻井，文石甃地，四面琐窗，板密其里，遍缀金红云，而蟠龙矫蹇于丹楹之上。中有小玉殿，内设金嵌玉龙御榻，左右列从臣坐床。前架黑玉酒瓮一，玉有白章，随其形刻为鱼兽出没于波涛之状，其大可贮酒三十余石。又有玉假山一峰，玉响铁一悬。殿之后有小石笋二，内出石龙首，以噀所引金水。西北有厕堂一间。仁智殿在山之半，三间，高三十尺。金露亭在广寒殿东，其制圆，九柱，高二十四尺，尖顶，上置琉璃珠，亭后有铜幡竿。玉虹亭在广寒殿西，制度同金露。方壶亭在荷叶殿后，高三十尺，重屋八面，重屋无梯，自金露亭前复道登焉，又曰线珠亭。瀛洲亭在温石浴室后，制度同方壶。玉虹亭前仍有登重屋复道，亦曰线珠亭。荷叶殿在方壶前、仁智西北，三间，高三十尺，方顶，中置琉璃珠。温石浴室在瀛洲前、仁智西北，三间，高二十三尺，方顶，中置涂金宝瓶。圜亭，又曰胭粉亭，在荷叶稍西，盖后妃添妆之所也，八面。介福殿在仁智东差北，三间，东西四十一尺，高二十五尺。延和殿在仁智西北，制度如介福。马㡛室在介福前，三间。牧人之室在延和前，三间。庖室在马㡛前，东浴室更衣殿在山东平地，三间，两夹。"

在元代，大规模地营建琼华岛等建筑的同时，还创造了人工水景工程，为了使万寿山山水相交，把流经皇城的金水河水汲至山顶。产生水景的提水机械和造景设施是从西方引进来的。当时万寿山上的水景工程创造了喷水、瀑布、溪流等人工水景。广寒殿后有两个小石笋，用石头雕的龙头伸出来，龙口喷出太液池水。马㡛室前有浴室、更衣殿，共有浴室九间，中间一室有雕刻的盘龙，"九室交涌，香雾从龙口喷出"，形成喷泉，注入太液池。

永乐七年三月，车驾至北京，命学士胡广，谕德杨荣、金幼孜，修纂王英等从游万岁山。《明宣宗实录》记："宣德三年（1428年）宣宗奉皇太后游西苑，上（宣宗朱瞻基）亲掖太后舆上万岁山，奉觞上寿。太后悦，酌酒饮上，且曰：今天下无事，吾母子得同此乐，皆天与祖宗之赐也。天下百姓皆天与祖宗之赤子，为人君但能保安百姓，使不至于饥寒，则吾母子斯乐可永远矣。"

宣德三年三月，上（宣宗朱瞻基）命尚书蹇义，内阁学士杨士奇、杨荣等十有八人同游万岁山，许乘马，将从者二人，登山周览。复赐登御舟，泛太液池，中官拿舟网鱼。宣德七年七月宣宗登万岁山，坐广寒殿对侍臣说："兹山兹宇，元顺帝所日宴游者也，岂不可感？"侍臣叩首曰："殷之迹，周之监也。"宣宗在《御制广寒殿记》中称赞广寒殿"轶云霞，纳日月"，"寰中之胜概，天下之伟观，莫加于此矣"，并一再向儒臣们讲元顺帝宴游无度，导致元朝衰亡的教训，文中写道："永乐中，朕（宣宗）侍皇祖太宗文皇帝（即明成祖）万几之暇，宴游于此（万岁山）。天颜悦怿，顾兹山而谕朕曰：'此宋之艮岳也，宋之不振以是，金不戒而徙于兹，元又不戒而加侈焉。睹其处，思其人，夏书所为儆峻宇雕墙也。吾时游焉，未尝不有儆于中。昔唐九成宫，太宗亦因隋之旧，去其汰侈而不改作，时资宴游以存监省。汝将来有国家天下之任，政务余闲，或一登此，则近而思吾之言，远不忘圣贤之明训，则国家生民无穷之福矣。'朕拜稽受命。"宣德八年（1433年）四月，上（宣宗朱瞻基）谓杨士奇、杨荣曰："朕于宫中所在皆置书籍楮笔，今修葺广寒、清暑二殿及琼华岛，欲于各处皆置书籍。卿二人可于馆阁中择能书者，取五经四书及说苑之类，每书录数本，分贮其中，以备观览。"杨士奇赐游西苑诗序：宣德八年（1433年）四月，"上（宣宗朱瞻基）以在廷文武之臣日勤职事，不遑暇逸，特敕公、侯、伯、师傅、六卿、文学侍从游西苑以息劳畅倦。……乃降而登万岁山，至广寒殿，而仁智、介福、延和三殿及瀛洲、方壶、玉虹、金露之亭咸得编造。……已而中官传奉上命，赐黄封之酒，御厨之珍，咸醉而归。又拜命。方爵数行，时久未雨，忽云阴东来，微雨沾席，鸧鹒如簧，和鸣不已，众益以喜。相与引满劝酬，尽醉而出"。

明末，皇室游幸日稀，西苑万岁山也随之荒废。直到乾隆年间大修北海，从而形成现在的建筑格局。

永安寺山门

永安寺

　　永安寺为琼华岛正面轴线上的主体建筑群，位于琼华岛南麓，由永安寺山门循阶而进，第一组院落有钟鼓楼、法轮殿，直至白塔前普安殿的一组寺庙院落。分别于清顺治八年（1651年）、乾隆八年（1743年）和乾隆十六年（1751年）三次建成。这组建筑高低错落，依山就势，高差约15米多，水平距离（南北长）115米。永安寺山门建于乾隆八年（1743年）四月十六日，海望、三和遵旨："将永安寺南面添建山门一座、钟鼓楼二座、大殿五间、牌楼一座，并西边添建前后正房两座，转角游廊二十二间；东边改建前正房一座，以及山前成砌随山大月台一座，上下礓礤两座，添砌墙垣六十余丈。"永安寺山门三开间，为歇山五彩琉璃瓦屋面，玲珑琉璃正脊。殿内两侧供奉四大天王像，为1993年重塑。进入院内左为钟楼，右为鼓楼，清晨鸣钟，日暮击鼓，清代皇帝礼佛拈香，均要鸣钟击鼓，一派庄严肃穆的气氛。

　　法轮殿是永安寺内正殿，名称来源于佛典：佛之说法能摧毁一切恶业，能推平山岳，佛法辗转，流传不息，犹如车轮滚滚，转动不停。殿顶为歇山五彩琉璃瓦，玲珑琉璃正脊，脊上嵌有琉璃彩色二龙戏珠造型。脊两端有正吻一对，称作龙吻或螭吻，表面是龙纹雕饰，四爪腾空，怒目张口，吞住宫殿正脊，龙尾上卷，背部插着一把宝剑，威风凛凛。据史书《唐会要》记载：汉代宫中柏梁殿发生火灾后，越地的巫师说，海里有一种虬鱼，尾巴似鸱，可以激浪作雨，于是就造成虬鱼之像立于屋顶上，希望以此压住火灾的发生，这就是龙吻的来源。因后世又有龙生九子的说法，其中一子叫作"螭"，喜欢登高眺望，所以把它的形象立在皇宫的宫殿上。因龙是水神，能呼风唤雨，故是镇火的神。龙吻是皇家园林的一个重要特点。

　　进入法轮殿，中间供奉佛教创始人释迦牟尼佛，两边供奉金刚、地藏、虚空、普贤、文殊、观世音、除诸障、弥勒八大菩萨。殿内两侧供奉十八罗汉像，罗汉造型坐姿不同，手持各异，神情奇特，栩栩如生。前十六罗汉均来自印度，庆友翻译了前十六罗汉，写了著名的《法住记》，书中详细的描述了前十六罗汉的生平、事迹、容貌等，为后人塑造罗汉的形象提供了重要的依据。玄奘对中国佛教起了传播作用而加入后两位罗汉。佛像全系彩绘，色彩鲜艳，工笔细腻，手法娴熟。

法轮殿

殿内供桌前摆放有七珍、八宝。七珍即金、银、砗磲、琉璃、珍珠、玛瑙、玫瑰（一种美玉）。八宝即法轮、宝伞、金鱼、宝罐、莲花、海螺、盘长、白盖等八种佛教供器的合称，亦称八吉祥。

殿内有匾联"慈云觉海""人天调御"，殿内抱柱对联是："灵鹫风香传妙偈，澄潭月皎印真如"；"青莲法界本清静，白毫相光常满圆"，均为乾隆皇帝所题。

永安寺是清代皇帝烧香拜佛和喇嘛唪经的地方。《金鳌退食笔记》，清《总管内务府掌仪司事例》载：永安寺设太监喇嘛十四人，驻塔后旗灯房（今揽翠轩处）。

乾隆八年（1743年）四月十三日，和硕怡亲王等奏准："每年八月初四日至十三日派喇嘛三十六名在永安寺诵阿药师经十日。"

乾隆时期永安寺每月初一日、十五日供素菜二次，每次九碗，每碗银一钱。永安寺每年正月初一日，供素菜一百二十碗，每碗银二钱；万寿圣节念经十日，每日供素菜一碗；十二月二十四日起念经三日，每日供素菜一碗。

光绪二十八年（1902年）《内务府礼仪》载：年例十月十五日宗嘎巴喇嘛成佛之日，由中正殿派喇嘛在永安寺白塔前燃灯唪经。

《奉宸苑文移档》记载；年例十月二十五日酉刻至戌刻，派喇嘛二十名在永安寺唪尊圣佛母等经，燃灯转塔响法器，所有应差喇嘛等均出入北海陟山门。清代，永安寺喇嘛唪经不仅成为惯例，而且举行佛事活动场面十分可观。《金鳌退食笔记》曾描写过当时情形："每岁十月二十五日，自山下燃灯至塔顶，灯光罗列，恍如星斗。诸喇嘛执经梵呗，吹大法螺，余者左持有柄圆鼓，右执弯槌，齐击之，缓急疏密，各有节奏，更余方休，以祈福也。"据《雍和宫志》载：每月初一和十五日派喇嘛十五人在北海白塔山门永安寺前殿诵"乌卜藏"和"无量寿佛经"。

民国时期，永安寺仍是举办佛事活动的场所。民国二十七年（1938年）12月4日，为永安寺法轮殿佛像开光，由安钦呼图克图讲经三天。佛教同愿会也经常在永安寺举办佛诞庆祝法会，并在永安寺成立了菩提学会，会址设在普安殿。根据北京档案馆提供的中华民国档案资料记载："民国三十五年（1946年）中元节，菩提学会在北海永安寺发起举办喇嘛僧众诵经，超度抗战阵亡将士，并燃放河灯。是日游众特多，门票售出四万零八百张。"

20世纪50年代初期,为照顾少数民族,扩大政治影响,仍保留菩提学会会址,使之为蒙藏僧民来京顶礼膜拜之所。1964年,菩提学会从永安寺迁出。

白塔修建

走出法轮殿后门,拾级而上,平台上有"龙光紫照"牌楼一座,建于清乾隆十六年(1751年),牌楼为四柱三楼,绿琉璃瓦屋面,正面额曰"龙光",背面额曰"紫照"。

龙光紫照牌楼前东西两侧各有石碑亭一座,东为"引胜",西为"涤霭",建于清乾隆十六年,两亭互为对称,黄琉璃瓦绿

白塔

剪边八角攒尖屋面。"白塔山总记"碑立于琼岛永安寺后引胜亭内。"白塔山四面记"碑立于琼岛永安寺后涤霭亭内。

乾隆三十八年（1773年）十一月初九日，清内务府奏案称："永安寺引胜、涤霭亭内添建石幢二座，因石料重大，搭架拴秤难以竖立，必须将原有亭座拆卸，始可拴安秤架。俟石幢竖立后仍将亭座补建，共需工料银一千一百七十六两六厘。"乾隆四十年（1775年）十一月："永安寺引胜、涤霭亭内添建石幢并八方亭二座，挑换角梁等项工程，实净销银一千九十九两八钱二厘。"

"白塔山总记"碑碑阳南向。碑首为四角攒尖顶，碑下有方形石须弥座。碑高2.10米，碑身四面各宽1.04米；碑下须弥座高0.70米，四面各宽1.25米。石碑南、东、北、西四面碑额分别刻有汉、满、蒙、藏文"御制"二字；碑身南、东、北、西四面分别刻有汉、满、蒙、藏文《白塔山总记》，碑身周边刻有花叶纹；碑下须弥座上下枋无花纹，上下兼刻"八达马"，束腰四角刻"宝瓶"，有圭脚。

白塔山总记

京都于唐为范阳，于北宋为燕山，辽始称京，金、元、明因之。虽城郭官市，建置沿革，时或不同，而答阳都会，居天下之上游，俯寰中之北拱，诚万载不易之金汤也。官殿屏宸，则曰景山，西苑作镇，则曰白塔山。白塔山者，金之琼华岛也。《北平图经》载辽时名曰瑶屿，或即其地。元至元时改为万岁山，或曰万寿山，至明时则互称之，或又谓之大山子。本朝曰白塔山者，以顺治年间建白塔于山顶。然考燕京而咏八景者，无不曰琼岛之春阴，故予于辛未年题碣山左，亦仍其旧，所谓数典不忘之意耳。山四面皆有景，惜《春明梦余录》及《日下旧闻》所载广寒、仁智之殿，玉虹、金露之亭，其方隅曲折，未能尽高下窈窕之致，使人一览若身步其地，而目其概。盖地既博而境既幽，且禁苑森严，外人或偶一窥视，或得之传闻，其不能睹之切而记之详也亦宜。兹特界为四面，面各有记，如柳宗元之《钴鉧》《石城》诸作，俾因文问景者若亲历其间，尝鼎一脔，足知全味云尔。

乾隆癸巳仲冬中浣御笔钤玺：乾隆御笔

祖宝惟贤

白塔山四面碑记，乾隆三十九年（1774年）立，位于琼岛南坡涤霭亭内，碑阳南向。形制与白塔山总记碑形制相同，惟石碑四面碑额分别刻篆文"御制"二字，碑身南、西、北、东四面

白塔山四面记碑

分别刻汉文白塔山南、西、北、东四面记。

塔山南面记

　　承光殿之北，跨太液为桥，南北各有坊，南曰积翠，北曰堆云。过堆云坊即永安寺，殿曰法轮。殿后石磴拾级而升，得稍平道，左右二亭，曰引胜，曰涤霭。复因回叠石中，仍拾级，左右各为洞，玲珑窈窕，刻峭崔巍，各极其致，盖即所谓移"艮岳"者也。穿洞而上，适与拾级而上者平。洞之上，左右各有亭覆之，曰云依，曰意远。平处为佛殿，前曰正觉，后曰普安。两厢各有殿，东曰圣果，西曰宗镜。又自永安寺墙之东，缘山而升，路中有振芳亭，再升为慧日亭。稍西，则顺治年间《建塔碑记》及雍正年间《重修碑记》。复略升，则进普安殿之东廊矣。其寺墙之西，亦缘山而登，半山有亭，匾曰"蓬壶挹胜"，再登则为悦心殿。偶临塔山，理事、引见恒于此。其后为庆霄楼，每缝腊日，奉皇太后观冰嬉之所也。悦心殿东侧书屋为静憩轩，转石屏入墙门，则仍普安殿。自殿后陟石阶将百磴，即山顶，白塔建于此。塔前琉璃佛殿曰善因。考《日下旧闻》，山顶为广寒殿，盖即建塔之所。山中为仁智殿，则今普安佛殿。是塔后列刹竿五，或谓之转梵经，或谓之资瞭远。其下为藏信炮之所，八旗军校轮流守之。盖国初始定燕京，设以防急变者。雍正年间复申明其令，载在史策。其发信炮金牌则藏之大内。予因思之，比及借此知守，其失守已多矣。然而睹此知惧，凛天命，畏民岩，戒盛满之志，系苞桑之固，则信炮之制，岂非祖宗之良法美意，万世所当慎守者乎！

　　　　　　　　乾隆癸巳仲冬中浣御笔钤玺：乾隆宸翰

塔山西面记

室之有高下,犹山之有曲折,水之有波澜。故水无波澜不致清,山无曲折不致灵,室无高下不致情。然室不能自为高下,故因山以构室者,其趣恒佳。庆霄楼既据山之高,楼西缘廊而降,有二道。其一向南,不数武为一房山,盖房中覆湖石成山云。历磴以下为蟠青室,回廊环其外。缘廊北降,达山之西,凭廊向南俯睇,有深渊,东则山之西脚,而山半腰有亭,曰揖山,乃从悦心殿西角门而出者。其下峭壁抽入,滉然靓然,若龙湫之有神物也。波与太液通,石桥锁其口。桥之南,步堤东转,可通悦心殿及永安寺前。桥之北则琳光殿前,为山西总路矣。又其一转而北,有亭焉,曰妙蔓云峰,历石磴而下则水精域。其下有古井,古井向有《记》,辟诸家记载谓"引金水河转机运甈"之非,及"萆土压胜"之谬。凡山之阴、山之麓,所为屈注飞流,线溪亩池,皆绠汲此井以成其势。水精域之下为甘露殿,又下为琳光殿。则就平陆为山西之路。转向北为阅古楼,楼壁砌《三希堂法帖》碑版,攀梯而登,与地平。稍北,则亩鉴室,窗临清池,即凿山溪引古井之水也。阅古楼后楹平临山溪,石桥架其上。度桥有小石亭,梁柱皆泐诗。过亭,岭岈崱屴,径只容人,摄齐而上,出岩墙门,与庆霄楼后门相望,而山西之景略毕。

乾隆癸巳仲冬中浣御笔　　钤玺:乾隆御笔

塔山北面记

自阅古楼岩墙门出,转而东,则邀山亭,又东北则酣古堂。堂之东室倚石洞,循洞而东,则写妙石室。堂与室之南皆塔山之阴。或石壁,或茂林,森峙不可上。而室之东间乃楼也,踏梯以降,复为洞。窈窕窅映,若陶穴,若嵌窟,旋转光怪,不可殚极。若是者行数百武,向东忽得洞门,出则豁然开朗。小厂三间,曰盘岚精舍。而其南,则仍石岩陡立,然羊肠之径,可以跻而上,达看画廊。廊属山东景,兹不复缀。自精舍转而北,至环碧楼。缘飞廊而下,则嵌岩室。折而西为小山亭,额曰一壶天地。西扇面房,额曰延南薰。其盘岚精舍之西,由洞门北行数十武,亦达扇面房。自房而西,为小昆邱,盖亩鉴室水盈池则伏流不见,至邱东始擘岩而出,为瀑布,沿溪赴壑,而归墟于太液之波。又西为铜露盘,铜仙竦双手承之,高可寻尺,此不过缀景,取露实不若荷叶之易,则汉武之事率可知矣。又西为得性楼,为延佳精舍,为抱冲室,为邻山书屋,名虽殊而因高以降,或一间,或两架,皆随其宛转高下之趣而各与题额。又自亩鉴室北墙门而出,缘山蹊亦可达此。至邻山书屋,则就平地,廊接道宁斋矣。其东乃漪澜堂,盖山之北,以堂与斋为主室,而围堂与斋,北临太液,延楼六十楹,东尽倚晴楼,西尽分凉阁,有碧照楼、远帆阁分峙其间,各对堂与斋之中。南瞻窣堵,北眺沧波,颇具金山江天之概。故登楼与阁,偶有吟咏,无不以是为言。由漪澜堂而东,则莲华室,以奉大士及《妙法莲华经》得名。出墙门而南,则为塔山东面之境矣。若夫各室内或题额,或联语,率铭意寄兴,无关于景概之全,斯则不悉载。

乾隆癸巳仲冬中浣御笔　　钤玺:乾隆宸翰

塔山东面记

因旧置而修饰之，谓之沿；易新建而创为之，谓之革。山之南，沿者多而建者少；山之北，革者夥而置者稀。然东北溆琼岛春阴之石幢，虽出于新建，亦实述其旧置。由石幢登山径为看画廊，其上则交翠庭。庭之下、廊之侧，攀援石洞以出，为古遗堂，对之者峦影亭。自堂蹑梯以下，仍依洞以出，为见春亭。遂循东岸，可至半月城前。而自交翠庭步岭路至智珠殿者，分左右阶而下，亦达半月城前。盖殿原掘城上，堞堄即平殿基也。过石桥则陟山门，而白塔山四面之事备矣。白塔建自顺治八年辛卯，至于今盖百有二十年矣。夫士民之家尚以肯构为言，况兹三朝遗迹，地居禁苑，听其荒废榛秽为弗当。然予自辛酉、壬戌之间，始稍稍有所葺建，至于今凡三十年，而四面之景始毕成而为之记。虽云发内帑以徐为之，然而视《春明梦余录》《日下旧闻》所载，有过之无不及矣。知我罪我，吾岂能辞哉！

乾隆癸巳仲冬中浣御笔　　钤玺：乾隆御笔

在琼岛永安寺中轴线半山腰楞迦窟前，有两块奇特的石碑，这就是昆仑石和岳云石，乾隆十七年（1752年）立，碑有水纹状石座。东侧石碑上刻有乾隆御笔"昆仑"二字，碑身仿自然石，碑头浑圆状，石高1.70米，宽0.90米，厚0.40米。碑身背后刻有乾隆御制诗三首，其中一首写道："飞阁流丹切颢空，登临纵目兴无穷。北凭太液平铺镜，南接金鳌侧饮虹。冬已半时梅馥馥，春将回处日融融。摹挲艮岳峰头石，千古兴亡一览中。"

西侧"岳云"石，乾隆御笔所写。碑身呈不规则状，碑身刻有乾隆御制诗一首曰："石来艮岳势嵌崟，千载荆凡默监兹；当日诚知为燕用，坏人墙屋尔奚为？"昆仑石又名"三山石"，岳云石又称"五岳石"，寓意为借三山之气、五岳之灵来烘托琼华岛的气势。这两座石碑也起到了画龙点睛的作用，丰富了园林景观的内容。

楞伽窟位于"昆仑""岳云"石北面，券脸以"艮岳石"镶嵌，三券门成窟状，名"楞伽窟"。楞伽，据《慧琳音义》称："山名也……亦宝名也。此山多饶此宝，故以为名。在南海中师子国，西南隅。"传说佛曾在此说《楞伽经》。

在券门两边有弧形石阶而上至券洞顶，阶侧均有青白石栏板、望柱，每侧21套，下端安设抱鼓石。弧形台阶中间及两侧，均堆叠着当年从汴梁（今河南开封）运来的"艮岳石"。

第一层券洞顶上（月台）前面，各设有青白石栏板望柱，后面仍设有砖券三座，中间为门，两侧为半圆形石镂空窗，券脸亦用"艮岳石"镶嵌，三券内亦东西相通。并可登21级石阶，达二层券顶（月台）台上，东南角为"云依"亭，西南角为"意远"亭，亭基座高3.40米，基座中空，壁上有方形石镂窗。登基座北面17级台阶可至亭内，台阶外侧设有青白石栏板、望柱、端头装有抱鼓（现为金属栏杆）。亭为长方形，绿琉璃瓦黄剪边，四角攒尖，蓝色方宝顶，周围亦装有青白石栏板、望柱（现为金属栏杆）。

1993年修缮琼华岛时在楞迦窟内设置石雕佛像12尊。

一层东侧：迦理迦尊者一尊，庆友尊者一尊，伐闍罗弗多罗一尊，弥勒佛一尊。一层西侧：释迦牟尼佛二尊，长眉罗汉一尊，阿难菩萨一尊，迦叶菩萨一尊。二层东侧：观音菩萨一尊，观音碑一件，水月观音一尊。二层西侧：罗汉一尊。

清朝初期，当时对全国的统治尚未巩固，社会动荡不宁，清帝还无暇顾及修葺园林。北海这座园林自明朝末年内困外患，因此一直荒废，园内楼台亭阁残破不堪。清顺治八年（1651年），根据西藏喇嘛恼木汗的建议修筑白塔。脑木汗即是青海塔尔寺第一世活佛结曲敬巴嘉措。结曲敬巴嘉措在满族入关前，就作为格鲁派的全权代表曾到沈阳拜谒皇太极。顺治登基定都北京后，积极筹划五世达赖来京觐见顺治皇帝，并祈请在广寒殿旧址建白塔。顺治皇帝在建北海白塔的同时，为迎接五世达赖喇嘛，还建了西黄寺，为五世达赖来京居住之所。

建塔后立石碑于琼岛东南坡，碑阳南向。碑首高1米；碑身高2.10米，宽1.08米，厚0.35米；碑下龟趺石座高0.90米，长2.55米。碑首为盘龙浮雕，额书满、蒙、汉文"敕建"二字；碑身阳面刻满、蒙、汉文《顺治八年建塔诸臣恭记碑文》，阴面刻满、蒙、汉文立碑大臣及工匠姓名。

碑阳刻文：

恭惟皇上仁孝性成，天纵太平之主也。亲政以来，拳拳以爱养斯民为念，是以雨旸时若，岁称大有。天心眷顾，此其明证。有西域喇嘛者，欲以佛教阴赞皇猷，请立塔建寺，寿国佑民。奉旨：果有益于国家生民，朕何靳数万金钱？为故赐号为"恼木汗"，许建塔于西苑之高阜处。庀材鸠工，不日告成，因命臣等而为之记。

内翰林弘文院掌院事大学士希福译满洲、蒙古文,内翰林国史院大学士宁完我撰汉文,塔七哈哈番罗米书写满洲字,搜史书写蒙古字,典籍杨麟书写汉字。

大清顺治八年岁次辛卯孟秋吉旦立

碑阴刻文:

侍郎罗绍,总管修塔工部尚书谭布、张凤翔,启心郎吴达礼,拜塔喇布勤哈方毛弹,理事官石兔,管工侍郎臧国作,副理事官那木其,太监李奉,瓦匠头崔五,呈样匠右录式西,铸铜匠那海塔尔汗,石匠头张守仁。

白塔塔高35.90米,塔为覆钵式,全部采用砖、石、木结构,由塔基、塔身、相轮(即十三天,是塔的最高等级)、宝顶四部分组成,下部是须弥座,座上三层圆台,中部是塔肚呈圆形,上部为相轮,顶部为金宝顶,分别由天盘、地盘、日、月、火焰组成,塔身有306个通风口,塔肚南侧是红底黄字组成的藏文图案,中间为木质红底金字的时轮咒,译音是"杭、恰、嘛、拉、哇、日、呀",有"吉祥如意"之意,此处俗称"眼光门",也叫"时轮金刚门"。

白塔下有两层平台,四面安装汉白玉石栏板及望柱。

清初,清朝廷利用白塔山制高点,驻扎亲兵,安放信炮,立有五虎杆,白天升旗,夜间燃灯。杆上是根据金、木、水、火、土制造出蓝(青)、黄、红(赤)、白、黑五色龙旗,分别配给各城门的守卫,各方面的颜色是:东蓝、西白、南红、北黑。如果城内有变，或敌人攻城，就挂黄旗，夜间就挂黄颜色的灯。此外还设有金牌，上书"奉旨放炮"字样存于大内，有紧急军情，由御前差遣或由衙门差遣，持金牌到白塔，经值班官员验明，方准放炮；遇有危急情况，可以先放炮后请示，一处放炮，他处亦鸣，彼此呼应，随时指挥八旗兵马迎敌。清朝廷为此制定《白塔信炮章程》规定若干条文。清朝后期，信炮与五虎杆不再使用。

光绪十三年（1887年），白塔山上原设有信炮章京兵丁等在内值班看守，拟将该章京移在外面值宿。光绪三十一年（1905年）八月十八日，"继司长奉世、那中堂谕，至北海查看有无信炮炮位，现查得信炮处原有铁信炮三尊，内一尊有字，崇祯十四年记，头司二队，外有小铁炮二尊，残缺不齐。神功将军铜炮一尊，康熙二十八年铸造。于三十日本苑随同世、那中堂查看后，经那中堂派员将信炮运往神机营存储"。

康熙十八年（1679年）七月，"京师地震，白塔颓毁"，于康熙二十年二月，开始兴修，至康熙二十一年七月工程告竣。康熙二十四年（1685年）五月黄册《白塔销算细数清册》记载："计开白塔高九丈九尺三分（31.69米）下面拆至宝瓶口，及用砍细新样城砖一顶一顺成砌，十三天外皮用砍细新样城砖丁砌，二尺（0.64米）方砖盖面，十二角角柱角梁，瓶子方塔脖子俱安砌青白石、青砂石，背馅俱用旧样城砖棚盖，装藏井二尺方砖并柏木铺墁，眼光门十三天下莲瓣坩子土烧造花砖成砌佛字仰覆莲，主心木塔套用柏木，接榫外铁缠箍包锭，普利凿糟下铁拐子拉判字锭，白灰提浆，十三天上安天盘、地盘、铜锅明火焰，缩腰彩画狮兽、宝贝、番草、灵芝。眼光门花砖五色彩画，佛字贴金，地面珠红油饰，实用过物料匠夫并节省有剩数目逐一开后。

"册开塔内装藏铸嘛哈噶藏佛一尊，高一尺（0.32米），铜铸镀金，需用物料匠夫开后：赤金一两五钱，酸梅二十五斤，白矾十斤，水银九两，盐五斤，白灰一百五十斤，木柴七十五斤，铜丝四两，铁丝一斤四两，黄铜七十五斤，香油五斤，化铜罐十个，红铜七十五斤，黄蜡十七斤八两，松香七斤八两，麻二斤八两，头号蘑菇钉三十个，黑炭二百七十五斤，煤渣一百五十斤，秋秸二十捆，土坯一百个，银满达一个重十两。盛贮舍利子银盒一个重一两，应照册准给。

"册开塔内装藏用过各色茶叶十斤，各色净果品饽饽共五筐，除毒药外各色药共五斤。银九两，金九钱，珍珠、珊瑚、青金石每样九钱、红铜十两。各色绸缎碎缕条共五斤，冰片一两，肉豆蔻、草茸、画石、红花、薏仁每样二斤，仙人掌、海飘硝、菖蒲根、丁香、列志、干莲、哈口利，每样各二斤，建香一斤，高香五百箍，西天红黄香五箍，吉祥草二十一根，肚尔宪草一捆，满洲香兰花每样一百斤，柏木枝条一百斤。头号石青花白地磁罐九个，罐内装各色杂粮。康熙铜钱九个，黄杭细三十疋，五色珠二线二十斤，冰糖、密石、喇嘛每样十斤。牛奶、酸奶、他喇克每样一坛。棉料连四纸六千张，银朱四十斤，双红胭脂四百片，白芨十斤，白面五十斤，共用过江米十六石六斗，白矾一千七百二十斤，桐油二十斤，白面五十五斤，沥青五斤，黄蜡五斤。

"白塔拆卸重新修造，原估并续添物料匠夫银二万一千八百六十两零三钱四分二厘，颜料银一千零五十一两四钱二分五厘。后奉太皇太后旨意发银一千两，共二万三千九百一十一两七钱六分七厘，内除户部取用赤金各项，颜料并臣部现有架木旧蓆，本工现有旧木石及各衙门取装藏物料不算价外，原估修理物料匠夫银二万二千八百六十两二钱四分二厘。监修官伊哈齐等用过物料匠夫银一万九千六百三十一两零八分，余剩银三千二百二十九两二钱六分二厘，今照新例核算实应用银一万七千七百三十八两六钱八分一厘。"

雍正八年九月十八日，白塔又一次被震毁"塔身闪裂""塔座彻底内裂""必须全行拆卸重修进行了拆卸重修"，内务府奏案称："因京师架木短少，前往天津等处采买，又河东省下架木未到，于本年三月内，始能买齐，运到工所。至七月间，方能拆完。现今成砌过塔底平台共二十五层，每砌一层，用砖四千块，必隔三两天俟灰浆，干固方可再砌。至十月内塔底平台始能砌完，塔身塔顶尚未成砌。今因天寒停工，俟明春兴工，至秋间可以告竣。"

清内务府奏案："今据员外郎纳青额等呈称：重修白塔一座，并寺内正殿，东西配殿，钻山房、转角房及修补土山，栽种树林等，原估物料银四万七千二百七十一两八钱零七厘，工价制钱一万五千零九十六串三百七十文。今工程已经告竣，实用过银四万三千七百九十四两九钱八分。制钱九千零五十七串九百五十文。"白塔竣工后，由掌印喇嘛，士官胡图克图办开光道场三永日。

雍正修塔碑是雍正十一年（1733年）八月立于琼岛东南坡顺治建塔碑旁，此碑形制与顺治建塔碑相同，唯碑身阳面刻满、汉文《白塔重修碑文》，碑身阴面刻满、汉文立碑大臣姓名，碑身两侧刻有云龙山海浮雕，碑首额书满、汉文"敕建"二字。《白塔重修碑文》中载：此次重修白塔"凡用金钱五万二千有奇"。"文化大革命"初期，园林职工为了保护这两座石碑，将石碑埋于地下。1972年公园管理处修复石碑，又恢复原位。

善因殿建于乾隆十六年（1751年），位于白塔前上层向前突出部分的平台上。正月十六日清内务府档案记载："遵旨：永安寺白塔前新建呀们达噶殿（善因殿）一座，上檐铸造铜镀金宝顶、瓦片，前檐铸造铜镀金隔扇四扇，每平方一尺照例用金四钱五分，共约估赤金三百十一两，约估红铜七千四百九十六斤，黄铜

善因殿

四千四百八十七斤。券内漆饰并安设供案佛台。"

善因殿是一座仿木结构琉璃建筑，与永安寺建在一个轴线上，分城台和殿宇两层，下层方形城台，中有南北向券洞。两侧各有19级台阶，城台及台阶外侧都装有汉白玉石栏板、望柱。殿为方形，4.40米见方，砖墙、锅底券，除正面四扇铜铸隔扇外，其他如柱子、下肩，墙面均为琉璃砖贴面。下肩是龟背锦花饰，墙身用455尊（块）佛像贴面。额枋、垫板、斗栱、挑檐桁、椽子、望板均为琉璃制作。殿为两层檐，下层檐方形，绿琉璃瓦黄剪边，上层檐圆形，屋面上覆以铜质鎏金瓦件及宝顶。顶部藻井是藏传佛教图案，制作精细。殿内有石须弥座，上供铜质鎏金"大威德金刚佛"一尊，穹窿形锅底券上并绘有大威德神像。神像前供案上有五供等饰物。佛经中云："有伏恶之势，谓之大威；有护善之功，谓之大德。"也就是说大威德金刚的"威"表现在以凶暴威猛之力，慑服一切恶鬼魔障；"德"表现为以智慧力摧破烦恼业障，使众生从无明业惑中解脱出来，故曰"大威德金刚"。佛像在"文化大革命"中被毁。1994年，重设铜胎大威德金刚神像（像高2米，宽1.80米，重1吨）。神像手持法器三十三件，莲花石座一件，貂皮幡架二件，兵器架二件，弓盒二件，箭盒二件，兜囊二件，弓二把，箭十三支，大刀四把，腰刀二把，猎狗四只，供桌一张，供果十二只，果盘二件，毯子一件，跪垫一件，跪箱一件，铜门四扇。

民国四年（1915年）春，内务总长朱启钤募捐集数万银圆修葺北海琼岛，内务部司长吕铸，佥事郑咸、吴承湜、杨赓以及马荣等人参与了工程事务,"琼岛一带,修葺粗完"。朱启钤并写《募修北海琼岛启》一文。

民国十五年(1926年),"白塔历久失修,毁圮堪虞,曾于开办时修葺一次,纯用白色。后有人建议,塔色纯白并非旧观。于当年7月间重修,塔盘(指须弥座)以上仍用白色,塔盘以下改用原来砖色(青灰色)浑身罩桐油"。旋于9月间班禅佛建议:"宝塔依佛教所传,全身宜用白色或间杂红黄之色,新修之塔下改用黑色,于招延吉祥之理大为不符,可否改下。"就此北海公园委员会第11次常务会议决定"因工程甫竣,应俟将来重修时再行照改"。

民国三十五年(1946年)菩提学会函北海公园委员会称:"永安寺白塔灰皮脱落,女(儿)墙、踏跺及幡杆等工程亟待修缮,……本会设会寺内,自愿担任修缮塔院,期竟全力,爰开会决定先集工料自行施工,先从塔身修缮,并于塔顶安设电灯,以期佛光普照……兹为期其工程坚实,保持塔上灰浆持久,容色洁白,计特聘工程师、本会会员刘世铭拟订工程说明书、预算单……共投资一亿一千五百万元(旧币)。"

1964年修缮白塔。除表面粉刷后全身通为白色外,对塔身、相轮(十三天)都做了加固处理。此次修葺先清除酥碱砖块,之后补砌加固填平,然后用大规格扁钢横竖向地"箍"起来,外边又加了一层钢筋混凝土薄壳,再加铅丝网,最后涂抹经若干次试验筛选出来的抹灰配合比的面层,外面喷白浆和850有机硅防水剂。华盖的日、月、火焰用弱酸处理后重新呈现出金色光泽,并在上面向上方安装红、绿色电灯。向下方装小型聚光灯。眼光门重新油饰、彩绘、贴金。善因殿从宝顶到券洞城台都修整粉刷一新。

1976年，唐山地震波及北京，白塔的相轮（十三天）石座被挤压破碎，导致相轮歪闪，宝顶天盘上面的日、月移位，火焰珠被甩落在塔身的上面。为了施工安全，拆除相轮时把宝顶用起重架子垂直升高，相轮砌完后，又归回了原位。

善因殿也因地震，墙体震裂，多处坍塌，下层檐子及斗拱多处震坏坍塌，上层檐斗拱也破碎多处，为了保护上层檐及各部分存留的完整构件，如琉璃额枋、琉璃斗拱、琉璃檐头（飞椽、檐椽、瓦口、望板）、屋顶上的铜质鎏金宝顶、瓦件及殿内的穹窿藻井上面的彩画等不受损失，采取了整体支顶，然后在墙身上加钢筋混凝土柱代替原有木柱，砖墙身是采用对称式分部拆的办法。并将"文化大革命"期间拆掉砸坏的445件带佛像的琉璃砖添配整齐。

北海公园因施工关门七年，于1978年3月1日重新开放，1978年3月5日，游人数创历史最高纪录，达24万人。由于人多拥挤，白塔前善因殿东侧石栏杆倒塌，砸伤3人，其中重伤1人、轻伤2人。公园管理处立即采取措施：1.封闭塔盘，禁止游人上善因殿；2.南门售票室前搭铁栏杆，疏导游人排队顺序购票。3.增加维持秩序的工作人员。

1981年6月，白塔须弥座上层檐西北角挑檐石出现裂缝，经过施工修缮，更换7块挑檐石，照原样修复起来。1993年修缮善因殿，粉刷白塔。将白塔原本全白色，改刷为下部灰砖色上部白色。塔后重立五虎杆。后平台上重装信炮一台。

1998年8月6日，公园将存放于文物库中的"佛舍利金盒"归安琼岛白塔内。此"佛舍利金盒"于1976年7月28日，白塔因地震毁坏，在修复中将"佛舍利金盒"从白塔毁坏处移出存放在文物库。

2000年，发现白塔塔座由于表面灰层开裂进水，致使表面砖酥碱，并伴有空鼓脱落现象，塔座西面较为严重，东南面也需要进行修理。随后公园分别在塔座的西、南、东三面搭脚手架，对塔座西侧进行重点整修，东、南面进行挖补修理，全部维修面积18平方米，工程于8月份竣工。

2005年在北海建园839周年和对公众开放80周年之际，对北海琼华岛进行了大规模的修缮工程，这次修缮被列入"北京人文奥运文化保护计划""北京市政府为民办实事折子工程"。

北海琼华岛修缮方案经过了国家级文物专家及学者的论证，各位专家及学者就此项工程立项施工的必要性、合法性、科学性和可行性进行了深入的论证，并发表了重要的指导意见。

此次修缮工程设计单位为北京华宇星园林古建筑设计所、北京市文物建筑保护设计所、天津大学建筑设计研究院、天津大学建筑学院；审计单位为北京兴中海建工程造价咨询有限公司（审计一标段）、北京华建审工程造价咨询事务所有限公司（审计二标段），两家审计单位均为北京市财政局指定审计单位，北京市文物局质量监督站为整个工程进行质量监督。为确保该项工程质量，工程监理单位也采用了公开招投标形式，按照相应的程序确

正觉殿

定了北京市一级监理资质的北京建工京精大房工程建设监理公司为监理中标单位。工程修缮包括整个琼华岛景区内的建筑物，修缮面积 10400 平方米，岛内道路及山道铺装改造 6000 余平方米以及沿湖栏板、云墙宇墙等，重现该建筑群在乾隆时期的原貌及风格。为文物古建筑保护的需要，此次工程还安装了目前较为先进的避雷、防雷系统，以及电视监控系统、消防预警系统等。同时，还对整个琼华岛的供、配电系统进行了改造。整个修缮工程投资约为六千万元。经过一年的修缮，2006 年 7 月 26 日，琼华岛中轴线重新与游客见面。整个修缮工程 2006 年底全部竣工。

揽翠轩这组建筑占地面积 432 平方米，建筑面积 95.20 平方米。揽翠轩位于白塔正北面建于民国年间，三开间，东西耳房各一间，均为硬山灰筒瓦卷棚屋面，明间隔扇门四扇，次间及背面明次间均为砖坎墙支摘窗。耳房中间风门，两侧砖坎墙支摘窗，东耳房与正房合抱，山墙上留门相通。

西厅位于白塔西侧，三开间，东向，原为冰盘檐青灰背平屋面。1954年改为硬山灰筒瓦卷棚屋面，明间隔扇门四扇，次间及后面明次间均为砖坎墙支摘窗。

由"龙光紫照"牌楼正中登55级带琉璃花墙的石台阶而上，即达正觉殿。正觉殿三开间，硬山，彩色琉璃瓦屋面，彩色玲珑正脊。两侧转角房各五间，灰筒瓦绿剪边屋面、绿琉璃脊，是白塔寺的山门。

普安殿内陈设

普安殿为正殿，五开间，硬山彩色琉璃瓦屋面，玲珑脊。《清内务府陈设档案》记载：普安殿院内安重檐铜鼎一件，石座；烧古铜双耳三足鼎一件，石座。殿廊下挂九龙铜字匾、对各一份。

普安殿五间，挂锦缎欢门五首、锦缎幅儿筒幡十首、锦缎药师匾幡十首、五色缎筒幡四首、明间左右挂花梨宝盖边画玻璃挂灯一对、紫檀宝盖边画玻璃挂灯一对。照背后挂黄锻匾、对一份。西次间设紫檀座铜掐丝珐琅塔二座，内各供铜胎无量寿佛一尊。西稍间设木胎红油珊瑚树二盆、画像佛十轴、铜胎无量寿佛245尊。

普安殿内神台上安供香胎尊圣佛一尊，金漆边座铜背光；御书《弥勒上生经》一套；铁镀银佛锅一座，内供尊圣佛一尊，银包镶尊圣塔二座、铜胎金无量寿佛三尊；三屏峰一座，上供黄铜玛勇保护法一尊、铜胎吉祥天母一尊、铜胎法帝护法一尊、银包镶塔二座。神台左右设楠木供桌二张，上供紫檀桃式龛二座，玻璃门，每座内各供铜佛九尊。神台前设朱油供桌一张，上供铜胎利玛无量寿佛一尊、铜海灯一件、木贴金八吉祥八件、锡供托五件、银宝瓶一对、乾隆款青花白地瓷靶碗七件、银镀金七珍一件。供桌左右设片金挑杆匾幡一对。供桌前设铜楼铁架拆卸塔式灯一座，铜灯一百八十盏，紫檀座；朱油金龙高香几五件，石座，上设铜钻花五供一份、铜钻花腰圆小檀香盘一件。地下铺黄地红花拜毯二块、黄缎拜垫一个。

普安殿内东次间陈设：神台上供铜胎雅满达嘎佛一尊、黄缎坐褥一件；连三楠木塔龛一座，内供无量寿佛一尊、铜胎白救度佛母一尊、金刚亥母一尊；三屏峰二座，上供番造佛六尊；红木玲珑塔一对，内供木胎佛八十四尊。神台前设朱油供案一张，上设锡供托五件，乾隆款青花白地瓷靶碗五件、铜钻花五供一份。

普安殿内东稍间陈设：神台上供铜胎释迦佛一尊、黄缎坐褥一件；紫檀连三塔龛一座，内供铜胎无量寿佛三尊、三屏峰二座、上供铜胎番造佛六尊。神台前设朱油供桌一张，上设锡供托五件，乾隆款青花白地瓷靶碗五件、铜钻花五供一份。东山面西设紫檀翘头案一张，上设楠木三屏峰一座，内供铜胎佛三尊、银包镶塔二座、红木座洋瓷八宝一方，《大方广佛华严经》六匣,《华严轮》一部二套,《楞严经略疏》全函,《真西山心经》全函,《楞严经贯摄》

一匣、《大般涅槃经》一匣、《五经通函》一匣。

　　普安殿内西次间陈设：神台上供木胎金玻璃门尊圣塔一座，内供铜胎佛一尊，黄锻褥一件。左右供香胎文殊菩萨一尊，香胎观音菩萨一尊，楠木连三塔龛一座，玻璃门内供铜胎释迦佛一尊，铜胎四面毗卢佛一座，铜胎无量寿佛一尊；三屏峰二座，上供铜胎番造佛六尊。神台前设朱油供案一张，上设锡供托五件，乾隆款青花白地瓷靶碗五件，铜钻花五供一份。西山面东设紫檀翘头案一张，上设楠木三屏峰一座，内供铜胎佛三尊；银包镶塔一座，银镀金八宝一份，《法华元义》一匣，《楞严宝镜》一匣，《十二经同函》一匣，《十经同函》一匣，《添品妙法莲华经》八卷，《禅林宝训》全函，《弥陀略解钞》全函，《大宝积经》一套，《灵鹫摩尼》全函，《义门经》一套，《妙法莲华经》一部二套，《千手千眼经》四套，《药师琉璃经》四套，《首楞严经》一部二套。

　　由于朝代的更替，殿内陈设已无存。

　　1993年普安殿修缮后，重新设殿中央宗喀巴佛一尊，两侧为达赖、班禅佛各一尊。东西两侧为护法神八尊，七珍三份，八宝三份，五供一份，供桌五件，法号二件，珊瑚花盆二件，幡帐四件，供果十五盘，唐卡十幅，花盆十八盆，转经筒二件，帐子三件。

　　东配殿圣果殿硬山彩色琉璃瓦屋面，玲珑脊。殿内明间陈设：神台上供增胎三世佛三尊，五彩背光；铜胎释迦佛二十尊，楠木描金九莲寿龛一座，内供铜胎无量寿佛一尊。神台前设朱油供案一张，上设锡供托五件、乾隆款青花白地瓷靶碗五件、烧古铜五供一份、妆锻片金欢门一架、五色锻幡二对、黄地红花羊毛毯一块、黄缎拜垫一块；挂龛六龛，内供泥印子佛2160尊。

1993年圣果殿新设大殿柜一个，柜内陈展：酥油灯及灯碗七套，贲巴壶一件，米盒一件，药师佛一尊，金刚杵一件，金刚橛一件，摩尼轮一件，转经筒一件，金刚铃一件，铜铙一件，灵柩塔一件，法螺二件，法号大的一件，小的二件，八宝菩萨一尊，白伞盖佛一尊，唐卡十三幅，堆秀唐卡一幅，文殊菩萨一尊，释迦牟尼佛一尊，宗喀巴佛一尊。

西配殿宗镜殿，硬山彩色琉璃瓦屋面，玲珑脊。

殿内明间神台上供铜胎宗喀巴佛一尊，金漆靠背床一张，上铺黄缎坐褥一件，雕楠木连三塔龛二座，玻璃门，内各供铜胎佛三尊；楠木五屏峰一座，增胎佛五尊；银色包镶塔二座，铜胎无量寿佛五尊；挂佛像十三轴。

殿内神台前设朱油供案一张，上安锡供托五件，乾隆款青花白地瓷靶碗五件，烧古铜五供一份，妆缎欢门一架，五色缎幡二对；画像释迦佛七轴，明间正面三轴，两次间正面各二轴；紫檀边蓝绢地无量寿佛图挂屏一对；左右山柱挂挂龛六龛，内供泥印子佛二千一百六十尊；黄地红花羊毛毯一块，黄缎拜垫一块。

1993年宗镜殿新设大展柜一个，柜内展：三世佛三尊，韦驮菩萨一尊，十八罗汉拓片书一本，观世音菩萨一尊，经书二本，罗汉头像一件，释迦牟尼佛一尊，迦叶佛木雕一尊，西方三圣佛三尊，伏虎罗汉一尊，鬼子母图一幅，供养人木雕一尊，法轮一件，达摩图片一幅，千手千眼观音图片二幅，四大天王画四幅，两大金刚画二幅，堆秀唐卡一幅，贝叶经罗汉图一册。

普安殿两侧是随墙角门，门外各有顺山房两间，原西顺山房前有黄太湖石石屏一座，1964年移至东顺山房院内与原有散乱山石堆成一组假山。由普安殿后登砖阶72步，上面就是善因殿和白塔。

静憩轩正房三开间，意为得以安静休息之轩。为普安殿西由正房、南房及东西抄手游廊组成独立院落。轩有匾联"悦性适因静，会心何必遐""遐当绨几身聊憩，景入纱疏意与存"。

悦心殿、庆霄楼在琼华岛前山西侧，静憩轩之西，与白塔前正觉殿在同一等高线上。殿为五开间，前后出廊，歇山灰筒瓦屋面。殿前有高大月台，月台三面安装汉白玉石栏板、望柱40套，月台前有垂带台阶七步，亦装汉白玉栏板、望柱，前装抱鼓。再前又出平台，东西两侧各有台阶28步，下行台阶外侧装有栏板、望柱及抱鼓。月台上植松树、槐树、西府海棠，并置有带须弥座山子石两块，座上下各放置二只石日晷，殿后建有抄手游廊26间，由廊内登石阶可达殿后之庆霄楼。上下两层，面阔均为五开间，前后出廊，下层四面围脊，四面出檐。上层，四面围廊，灰筒瓦歇山屋面。楼后为庭园式院落。围以圆弧形青砖下肩白墙身院墙，上覆青筒瓦、清水脊，院内散点青山石及青山石踏跺。庆霄楼西有揖山亭和妙髻云峰亭，往下可通至一房山、蟠青室、甘露殿。东侧偏南是静憩轩，再东即是普安殿了。悦心殿和庆霄楼是清顺治八年（1651年）所建，乾隆八年（1743年）重修，竣工后清高宗弘历经常临幸于此，也常陪皇太后到此休憩、用膳、观冰嬉等，

悦心殿

因而御制悦心殿、庆霄楼的诗篇颇多共计 50 余首，其中：

御制悦心殿作

飞阁流丹切颢空，登临纵目兴无穷。

北凭太液平铺镜，南接金鳌侧饮虹。

冬已半时梅馥馥，春将回处日融融。

摹挲艮岳峰头石，千古兴亡一览中。

甲子（乾隆九年）

民国十四年（1925 年）11 月 28 日，国立京师图书馆租用庆霄楼、悦心殿、静憩轩等并进行过一次维修。民国二十一年（1932 年）7 月 15 日，公园委员会将"庆霄楼、悦心殿创设北海图书馆，专备游人阅览之需"。后又交北京图书馆统一管理,建园初期以藏书为主。1950年,从北京图书馆收回悦心殿,进行维修及裱糊后,开办展览室。1954年北京图书馆交还庆霄楼后,对悦心殿、庆霄楼进行了一次大修。1989年,对庆霄楼、悦心殿、游廊、撷秀亭、院墙、院内海墁、山道及附属房进行了一次全面维修。

1993年,悦心殿和庆霄楼全部建筑作了油饰见新,内装修也作调整,悦心殿内新添陈设。

撷秀亭位于琼岛西麓庆霄楼北,南倚墙垣,建于顺治八年(1651年),乾隆八年(1743年)重建。建筑面积35.45平方米,亭为方形,灰筒瓦重檐歇山屋面。亭子突出弧形院墙,后檐与院墙平行,亭柱为梅花形。后檐两梅花柱间装屏门四扇,东、西、北三面装楣子坐凳,台基压面石为青石制作,四面青云片石踏跺。

半月城、智珠殿建于乾隆十六年(1751年),半月城,亦称"般若香台",为砖砌半圆形城台,正面下对陟山门,南北两侧有弧形台阶,台阶外侧有扶手墙。月台上建有智珠殿,三开间,歇山黄琉璃瓦屋面,琉璃玲珑花脊。智珠殿意为智慧圆明之殿。智,智慧;珠,比喻如珠之圆明。乾隆皇帝曾题联于殿柱,联曰"塔影回悬霄汉上,佛光常现水云间"。殿内曾供奉有文殊菩萨像,正壁有御跋文殊菩萨经。月台殿两侧各有二柱三楼牌楼二座,共四座。半月城两侧有弧形台阶,台阶外侧有扶手墙。半月城下正中,有一座四柱三楼黄琉璃瓦木结构如意斗拱牌坊,结构精巧,面对陟山桥,桥为三孔拱形石桥,横跨太液池。过桥为北海东门,出门可通景山。

半月城北侧长廊倚晴楼南，有著名的"琼岛春阴碑"。据《内务府奏销档案》载："奴才海望、三和、德保、四格谨奏为奏：闻销算用过银两数目事，奴才等遵旨，永安寺东边修建琼岛春阴碑石幢一座，原估银一千三百三十六两九钱五分九厘。又遵旨：琼岛春阴碑石幢添做须弥座栏板柱子并金台夕照石碣添建碑亭一座，以及油饰彩画等项工程具已修建完竣，销算得琼岛春阴碑石幢并续添须弥座栏板柱子等项销算银二千十七两九钱内除用过旧料银八十九两三钱六分四厘，净实用银一千九百二十八两五钱三分六厘。"

琼岛春阴碑于清代乾隆十六年（1751年）立，位于琼岛东坡，碑阳东向。高3米，宽1.68米，碑四周有石护栏。石碑碑首高约1.50米；碑下须弥座高1.18米，长2.20米，宽0.92米。碑首四脊雕龙，碑额浮雕龙纹，前后额篆"御制"二字；碑身四框刻缠枝纹，碑阳刻高宗弘历御题"琼岛春阴"四字，碑阴（西面）及南北两侧

琼岛春阴碑

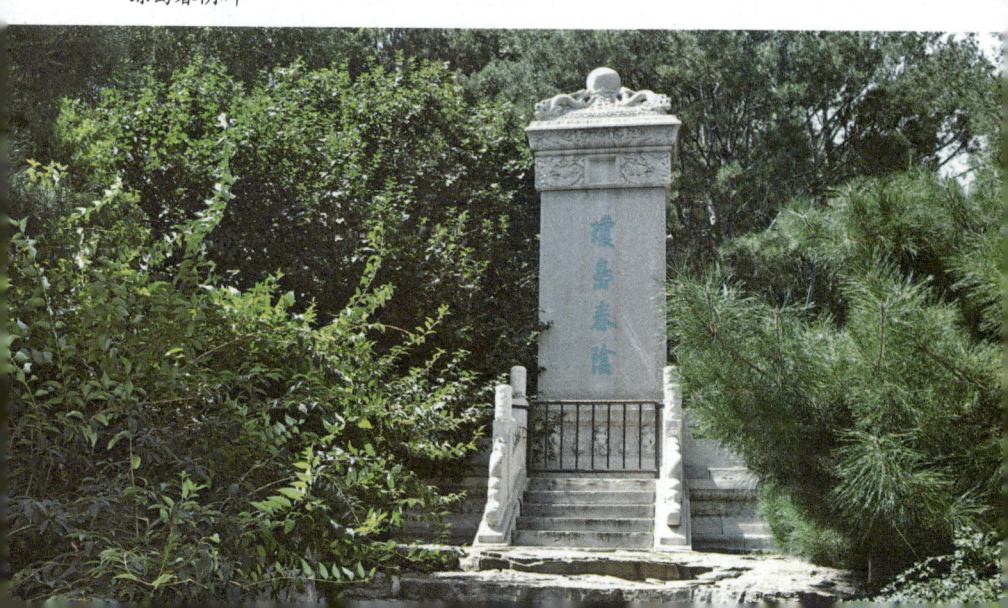

各刻有高宗御制诗；碑下须弥座束腰处刻坐佛、力士及缠枝花纹，上下枭刻八达马，有圭脚。碑四周设石护栏，护栏东面有带栏板踏跺五级，护栏南、西、北每边各有三块栏板。栏板雕刻宝瓶三幅云。

见春亭是与琼岛春阴碑相邻的一座八角形亭子，结构精美，亭周围花木幽清，山石荦确。乾隆帝曾写有见春亭诗云："琼岛犹余积素皴，波光树色已因循。山亭何系人来往，八柱依然见此春。"见春亭内有太湖石洞，可直达古遗堂。

长廊建筑群

长廊在琼华岛北麓，背依琼华岛，面临太液池，东自倚晴楼城关起，西至分凉阁止，是一组上下两层楼廊式半圆形建筑，共60间。倚晴楼、分凉阁下层是城关式基座，中间有砖券洞以通游廊。长廊内中部分别建有道宁斋、漪澜堂、晴栏花韵三组主体院落，院落内建有戏台和抄手游廊，分别建于乾隆十六年（1751年），乾隆二十二年（1757年），乾隆三十四年（1769年）。

长廊前临水有300米长的汉白玉石围栏，远远望去，就像一条斑斓的玉带，将整个琼华岛拦腰束起。

长廊为两层，灰筒瓦屋面，正面（北）下层单面出檐，灰筒瓦屋面，南面为平座，方砖挂檐。上层正面装有横楣及栔仗栏杆，

长廊

背面木坎墙、推窗。木楼板上铺方砖地面。下层正面（北）装横楣坐凳，背面（南）砖坎墙、推窗。共65间，分三段，由东向西排列，自倚晴楼，经东段游廊29间，至碧照楼，经中间游廊5间，至远帆阁，经西段游廊21间，至分凉阁。

碧照楼在中段游廊东侧，楼为两层，五开间，歇山灰筒瓦屋面，前檐额枋下装有雀替，中柱（排山柱）明间装有两侧带余塞板上带通风板的总实榻心大门，每扇门上各有门钉横、竖9个及面兽、石门枕。楼左右为楼梯间，斜坡形、木挂檐、灰筒瓦屋面。碧照楼意为：碧水照映之楼。碧绿的太液湖水，波光粼粼，水天一色，碧绿的湖水与建筑相映生辉。碧照楼联曰"空明爱天水，飞跃任鸢鱼"。乾隆吟望碧照楼诗云:"昨已宣传琼岛游,诘朝积雪景偏幽。即看冰影银揩镜,更胜波光碧照楼。古木扬猗梅破萼,小山焕彩玉成丘。向来粉壁无题句,似为今番清赏留。"

远帆阁在中段游廊西侧,建筑形式与碧照楼相似,唯此楼正面(北)在前廊、廊柱间装横楣坐凳。远帆阁与碧照楼互为对称,意为远眺湖中帆船之阁。乾隆帝称"规制略仿金山"。镇江金山以绮丽著称,最有名的胜迹是金山寺。金山寺依山而建,从山脚到山顶,殿宇楼堂相衔,阶梯成叠,长廊蜿蜒,台阁相接,构成丹碧辉映,绚丽精巧的古建筑群。乾隆六下江南,对金山景致十分喜爱,命如意馆画工将其绘成图样,带回京城仿建。北海长廊题额"湖天浮玉",把琼岛比作有如太液湖水浮起的一座玉山。乾隆南巡时曾为金山行宫题额"紫金浮玉",并在题咏漪澜堂的诗句中多次与金山两相对照,如"太液漪澜虽迟待,金山消息已侵寻"。镇江金山有"远帆楼",北海长廊有"远帆阁"都是乾隆御笔。

碧照楼南是漪澜堂,五开间,距碧照楼8.20米,后有抱厦五间,前后廊子,前檐金柱明间装有隔扇门,次间、稍间砖坎墙、支摘窗。后檐装修至抱厦柱间,均为砖坎墙、支摘窗。正厅为硬山灰筒瓦屋面,抱厦为悬山灰筒瓦屋面。

院东西两侧,各有偏厦游廊7间,灰筒瓦屋面,前檐明间装隔扇门,其他均为砖坎墙、推窗。后檐均为砖墙。东后檐明间均有月亮门,西后檐明间留洞口。

穿过漪澜堂西偏厦廊及过道即达道宁斋院,道宁斋建筑形式与漪澜堂相同，与远帆阁南北相距 7.30 米，唯后檐无抱厦，前出廊，前檐明间为隔扇门，次间，稍间及后檐均为砖坎墙、支摘窗。道宁斋、漪澜堂内在清代曾陈列有大量的书籍，仅道宁斋楼上书阁就有书籍槛房。因为这里风景秀丽，乾隆御制诗曰："胜迹遥思琼岛荫，每因余暇一登临。"在此读书之余观赏四周的景色。此外各房间有历代名人字画和紫檀、金丝楠木家具、古玩等。在长廊檐楼上观景可欣赏园中景色，从这里俯视全园，向北眺望俯瞰太液风光和北岸景致。向南俯视可以观赏到琼华岛后坡看画廊、扇面亭、一壶天地、铜仙承露盘以及太湖石假山，是一处不可多得的最佳观景点。

院东西两侧各有偏厦游廊 7 间，形式、做法均与漪澜堂院内偏厦廊相同，唯东西廊后檐明间为屏风门。

道宁斋西山墙往西有东西向游廊 4 间，往南有南北向扒山游廊 10 间，均为灰筒瓦屋面。扒山游廊中间有轩 3 间，名邻山书屋，硬山、灰筒瓦屋面，东山墙上开方窗，前后檐为砖坎墙，支摘窗，西侧与游廊相连处装木板墙、风门，扒山游廊南端有东西向游廊 4 间，再南是抱冲室。抱冲室，一开间，硬山灰筒瓦屋面，前檐（东）砖坎墙、支摘窗，后檐为馒头顶砖墙，北山墙靠前檐留钻山门通游廊。南山墙靠后檐留钻山门通得性楼。后檐墙西有狭长小院，院内用黄太湖石叠成踏跺，通得性楼北山墙靠后檐的钻山门。

紧靠抱冲室南山墙有一开间两层楼一座，名得性楼。一门由抱冲室南山墙后檐钻山门进一层，一门由二层南山墙靠后檐钻山门进二层。抱冲室北山墙游廊东端外有小抱厦一间。

穿过漪澜堂东偏厦廊后墙月亮门即达戏台院。戏台坐北朝南，歇山灰筒瓦屋面。原来只有台口栏杆，北面靠长廊，明间装有带斗拱的仿筒瓦屋檐，左右为出将入相门。现在除明间装玻璃门外，其他部位均改为砖坎墙、推窗。

戏台对面是晴栏花韵，三开间，硬山墙灰筒瓦屋面。东为紫翠房，三开间，硬山灰筒瓦屋面。再东为净房，一开间，硬山灰筒瓦屋面，前檐砖坎墙夹门，支摘窗，后檐砖墙馒头顶。

戏台与晴栏花韵两侧有抄手游廊，各8间。东廊南端为转角游廊4间，通紫翠房，灰筒瓦屋面，廊两侧均装横楣坐凳。游廊东有黄太湖石假山两座，于东为小筒瓦花瓦顶围墙，墙上开月亮门。

清档案记载：清乾隆十六年（1751年）五月十九日奏案："永安寺山后添建中所宫门楼（碧照楼）一座计三间，大殿（漪澜堂）一座计五间，西边耳房一间（无存），正房一座计三间（无存），偏厦抄手游廊二座计十四间，曲尺游廊七间（无存）。东所戏台一座，看戏房（晴栏花韵）一座计三间，东边正房（紫翠房）一座计三间，净房一间，戏台两边抄手游廊二座计十六间，后檐接抱厦一座计五间。临河楼（远帆阁）一座计五间，耳房四座计四间（无存），游廊楼三座计五十六间。西所正殿（道宁斋）一座计五间，东边侧座正房三间（无存），净房一间（无存），穿堂夹山房二间（无存），偏厦抄手游廊二座计十四间。城关重檐方亭二座。成砌周围墙七十丈（224米）。安砌青渣石泊岸六十丈（192米），添安石码头一座。"

乾隆二十二年（1757年）九月三十日奏销档："漪澜堂南面接盖抱厦五间并油饰彩画等项工程，俱经修理竣工，通共实查销银四百三十八两六钱八分。"

乾隆三十四年（1769年）二月奏案："永安寺山后道宁斋西边添建得性楼一座，邻山书屋正殿三间，抱冲室一间，叠落游廊五座计十六间。统共殿座、楼座、游廊共八座二十一间。拆盖西边游廊一间，净房一间，成砌院墙凑长十四丈五寸（46.40米）以及内里装修，油饰彩画糊裱等项，除紫檀、楠木、蓝纱、三号高丽纸照例行取用，并将拆得旧料尽数抵用外，所有买办木石砖瓦灰斤绳麻钉铁杂料，并给发各作匠夫工价、运价，共报销银三千六百七十六两八厘。又未经估入成堆黄太湖石山道，并包堆山石，实用工料银六百九十八两四钱。又永安寺两边游廊并远帆阁楼下拆安顶格，安锭仰苫木板，随梁找补油饰，共报销银二百三十两五钱七分一厘。"

乾隆三十六年（1771年）四月初二日奏案："湖天浮玉宫门楼五间，东西偏厦楼二间，漪澜堂五间，西边游廊十四间，西偏厦房一间，净房一间，晴栏花韵三间，西边游廊二十二间油画见新。又碧照楼东边扒山游廊五间油画见新。又远帆阁五间，东西偏厦楼二间，晴栏花韵两边游廊七间，又戏台一座，道宁斋东边值房一间找补过色一成，搅磨见新。"

乾隆四十二年（1777年）六月十四日奏案："漪澜堂北面游廊挂檐砖参差不齐，压面砖离缝五分至二分不等，实系沿边木槽朽，与楼座无碍。随烫样呈览，奉旨即著收拾，钦此。查此座大楼系乾隆十六年兴修之工。迄今二十余年，并未加修理，除碧照楼及远帆阁二座俱属坚固，毋庸修理，仍照旧不动。奴才等查得漪澜堂北面，碧照楼东边游廊楼二十九间……远帆阁西边游廊二十一间，外面檐柱向里面歪扭自八分至五寸不等，柱顶石亦有沉陷自五分至二寸者，必须拆卸头停，将大木挑牮拨正，并拆砌里面檐墙及二面台帮，始得一例整固。再里面檐墙（及二面）外有水沟二道，年年过水，不免冲浸，现在多有沉陷之处，亦应整理。但里面檐柱俱包砌在扇面墙内，仅露柱门，今既修理，自应修做坚固，其墙内柱木，临时查验，照旧有应修换者，再一并办理。奴才等已派员前往拆修，但现在估计银两尚未得有确数，理合奏照，暂由广储司供领银五百两先行应用。"

光绪十四年（1888年）六月二十一日李总管传："奉旨：北海长廊业经拆卸，照旧修整。"民国十四年（1925年）北海对游人开放后，公园委员会将漪澜堂、道宁斋租给商人，漪澜堂开设中餐馆，道宁斋开设西餐馆，在开业前均经修葺，并逐年有小型维护性的修缮，如裱糊顶棚，墙面，油饰下架等。

从1949—1952年私商停业，在这两组建筑内曾举办海军舰艇模型及兵器展览。之后，北京市美术工作室在这里办公并搞美术创作，此期间曾做过屋顶拔草补漏，内部糊裱粉刷，门窗修理等。1955年公园管理处在漪澜堂开设饭庄，室内做软天花顶棚，粉刷墙面，修补地面，翻修漪澜堂和晴栏花韵之间的厨房。修整了道宁斋和漪澜堂两院之间的房子，远帆阁楼上进行装修油饰彩画后，作外宾招待室使用。

1959—1960年，对漪澜堂、道宁斋、碧照楼、远帆阁、晴栏花韵、紫翠房、莲花室、戏台及戏台院、漪澜堂院游廊进行大修，屋面见新，室内做仿硬天花，修改部分门窗，翻修漪澜堂和晴栏花韵之间的厨房，改造漪澜堂和道宁斋之间内房屋，建锅炉房全部安装暖气。对远帆阁至分凉阁一段已倾斜的长廊挑顶，将木架进行打牮拨正加固。除道宁斋院内以外的全部建筑，长廊均油饰彩画。修缮完工后，将设在北岸的仿膳饭庄搬迁到漪澜堂，在此经营清宫菜肴及冷热点心等。此次工程投资为22.64万元，由市园林局修建处施工。

1972年对道宁斋院进行修缮，并全部油饰彩画，投资4.82万元，由市园林局修建处施工。1973年漪澜堂、道宁斋、远帆阁、碧照楼进行一次更全面的修缮，全部建筑屋面坎裹见新，全部建筑油饰彩画一新。是由市房修二公司古建处施工，投资约50万元。

1984年，将原来使用液化石油气大罐撤销，改用管道煤气。将原排入湖内的污水，敷设管线排至公园外市政污水管道内。由市政四公司施工，投资约100万元。

1990年，将长廊、远帆阁、碧照楼檐下层推窗大门，上下楣子、坐凳板整修加固后，进行全面油饰。全部工程投资12万元。

古遗堂建于乾隆三十五年（1770年），堂为3间，硬山灰筒卷棚屋面。乾隆帝写有楹联曰"秋月春风常得句，山容水态自成图"。乾隆御制诗云："堂址元明号古遗，春阴琼岛久如斯。文王之六荡之八，一再言焉鉴在兹。"古遗堂室内西次间山墙嵌有太湖石山洞。进石洞绕过一突出巨石，豁然开朗。上行可至看画廊。

东次间两层，有楼梯可进入石洞，穿山洞可至见春亭。

峦影亭位于琼岛东麓古遗堂正北，建于乾隆三十五年（1770年）。建筑面积12平方米，坐北朝南，灰筒瓦六角攒尖屋面，散砖宝顶，装楣子坐凳，青山石踏跺，与古遗堂同在一个砌有云墙的小庭院内，东侧云墙上有瓶式门一座。

乾隆御制诗云："山阴一笠亭，恰与山相向。山南液池北，流峙景殊状。取之无不宜，契矣胥增畅。山容与水态，交映如揖让。峦影讶在檐，谛视漪澜漾。"

环碧楼、看画廊、交翠庭、嵌岩室这组建筑占地面积936平方米，建筑面积266.50平方米。环碧楼及游廊，位于琼岛北麓漪澜堂后（南）山坡上。建于清乾隆十七年（1752年），楼为两开间，两层，硬山灰筒瓦卷棚屋面。北面出廊，楼内南面木楼梯一座。楼下东间隔扇门四扇，西间及南面均为砖坎墙推窗。楼上东间隔扇门四扇，西间及背面均为木坎墙推窗。楼上西山墙北侧留钻山门一个，钻山门外为转角游廊三间通盘岚精舍，灰筒瓦卷棚屋面，北面、西面为砖坎墙推窗。楼上东山墙北侧亦留钻山门一个，门外扒山游廊五间，往下通嵌岩室，灰筒瓦卷棚屋面。

看画廊位于环碧楼南山坡上。建于乾隆十六年（1751年），两开间，两层，北向，硬山灰筒瓦卷棚屋面，西间无楼板上下连通，北向出挑檐偏厦，东间分上下两层，木楼板、木楼梯，东西间下层用隔扇分隔，前檐西间隔扇门四扇，东间上下木坎墙推窗。背面南太湖石洞口进山洞可通见春亭，洞名"真如洞"，洞内曾有莲花座，上立汉白玉石像一尊。乾隆御制诗："回廊诘曲称看画，

看画廊

看者原为画里人。步步景移朗朗照,故知倪范鲜精神。"西山墙有钻山门一个,登太湖石踏跺出门为扒山游廊七间,可上登达交翠庭。地面上依陡壁悬崖,彩绘飞廊起伏连精舍,贯通殿堂,既有山行情趣,又有庭院佳境。山石上有建筑,建筑下有岩洞,上下衬托,穿行无阻,若明若暗,别有洞天。

扒山廊为灰筒瓦卷棚屋面,东侧廊柱间软廊心上嵌什锦窗共七个,西侧廊柱间装楣子坐凳。

交翠庭位于看画廊西南山坡上,建于乾隆十六年(1751年)。二开间,歇山灰筒瓦卷棚屋面。东山墙城砖乾摆下肩,上砌砖墙馒头顶,南、西、北三面装楣子坐凳,三个出口,北面沿扒山廊而下至看画廊,西面下青云片石踏跺可达写妙石室,南面下青云片石踏跺往东下山可达般若香台,往上可登至白塔后揽翠轩东随墙屏门。

嵌岩室位于环碧楼东侧扒山廊下端，建于乾隆十六年（1751年）。二开间，歇山灰筒瓦屋面，东山随云墙而建，南、西、北三面围廊金柱间砖坎墙支摘窗，隔扇门，西面石平台，周围汉白玉栏板、望柱（栏板望柱残破，地伏以下尚存）。

铜仙承露盘位于琼华岛北麓西北隅，与宙鉴室一墙之隔，建在太湖石叠石上，建筑面积18平方米，高4米，下为砖砌方形台基，四脚均立青白石角柱，上安压面石，压面石上安放地伏、栏板、望柱及抱鼓。方基座中间安装八角形汉白玉石须弥座，座高0.61米，上面竖立汉白玉石蟠龙柱，高2.80米，柱上立铜铸仙人双手托铜盘，面北朝大西天方向，呈承接露水之状。相传汉武帝幻想长生不老，在建章宫南门建一高达十米的铜柱，铜柱上有一铜仙人，伸掌捧着铜盘玉杯，用此方法收集甘露，和玉屑而服之，以求长生不老。乾隆帝在《塔山北面记》说："此不过缀景"。乾隆帝御制诗云："耸峙青霄万丈亭，凭将天露炼元形。汉皇若果升仙去，安得人间有茂陵。"又云："青鸟曾传玉阙言，须臾王母降前轩。人君自有长生术，五帝三王万代尊。"

1966年"文化大革命"期间，铜仙承露盘被视为"四旧"而遭到破坏，

铜仙承露盘

蟠龙石柱被摔坏埋在土内，四周的护栏都被拆毁，铜仙人被拉倒，摔断三节。1970年修复回归原位。

小昆邱亭位于琼岛北麓铜仙承露盘东下方，建于乾隆十八年（1753年）。建筑面积16.42平方米，亭建在黄太湖石山峦之上，灰筒瓦八角攒尖屋面，装楣子坐凳，台基压面石为青白石制作，黄太湖石踏跺。

盘岚精舍位于延南薰东侧，建于清乾隆十七年（1752年），南向三开间，硬山灰筒瓦卷棚屋面，西次间隔扇门四扇，明间及东次间硬坎墙支摘窗。东次间后面有门，穿过转角游廊通环碧楼。迎面（南）为黄太湖石山峰及陡峭山路。

延南薰（又名扇面亭），建于乾隆十七年（1752年），南向三开间，建筑风格小巧玲珑，别致优雅，因建筑平面形式如扇面，故又称扇面亭。位于琼华岛北坡，正面墙凹进，恰似汉字"风"的偏旁。迎面为黄太湖石山峰及陡峭山路。整体观亭，又似一把折扇，亭前台基为扇股形，并嵌有汉白玉石扇股，扇轴扇股间嵌以鹅卵石，建筑之巧，令人称奇。亭内有乾隆帝题写联曰"五明招得薰风奏，七宝修成璧月清"。与扇面亭相对东侧有一座八角式小亭，名为小昆丘，建于假山石上。亭内东间为黄太湖石洞口，下山洞，西可达写妙石室，东可达一壶天地亭。

一壶天地亭位于小昆邱亭迤东，建于乾隆十七年（1752年）。建筑面积28.42平方米，灰筒瓦重檐四角攒尖屋面，砖雕宝顶，东、南、北三面及西面门两侧城砖乾摆坎墙推窗，双扇木板门。西面连接走廊二间，灰筒瓦卷棚屋面，两侧砖坎墙推窗，廊通向石洞。

阅古楼

　　阅古楼位于琼华岛西北麓坡下，面略西北，南邻琳光殿，北依宙鉴室，依山而建，前部弧型为两层，后面直型部分为一层，但在院内看都是两层，两层均有内围廊，共25间，左右围抱相合，建于清乾隆十八年（1753年）。占地面积620平方米，建筑面积685.33平方米。

　　乾隆十八年四月初一日和八月初六日的内务府奏案中记载："永安寺西佛殿后添建佛殿三间、北边围楼一座计二十五间，垂花门内大殿三间，游廊三十四间，垂花门一座，大小石水池四座，八角石柱亭一座，周围院墙五十一丈（163.20米），门口一座，

阅古楼

进水地沟三十三丈（105.60米），泄水砖沟三十五丈（112米），铺墁甬路，海墁散水，并殿宇亭座油饰彩画糊裱，以及起刨山势，成堆黄太湖石高峰点景等项工程，除琉璃瓦件、银朱、遁布、杉木、纸张等项照例行取应用外，所有办买木石砖灰，绳麻钉铁杂料，给发各作匠夫工价运价，通共约估银三万四千二十七两四钱三分五厘。……又估外续添围楼嵌安三希堂墨刻石四百九十五块，并迎熏亭添安大臣柏梁体墨刻石十块，大理石一块，请将御花园工程项下再领银四千两。"

北海阅古楼是专为三希堂书法石刻而建。乾隆十一年（1746年）乾隆帝将晋代书法家王羲之的《快雪时晴帖》、王献之的《中秋帖》、王珣的《伯远帖》收藏在紫禁城内的养心殿西室（暖阁）中，将西室命为"三希堂"。乾隆十二年（1747年）由户部尚书梁诗正、军机大臣汪由敦、吏部侍郎蒋溥等，从《石渠宝笈》所收魏晋以来名人书法墨迹中，"择其优者，编次抚勒"，共收集魏、晋至明末的135位书法家的楷、行、草书作品340件；另有新题跋200多件、印章1600多方，共9万多字，编成32册。刻石事务由和硕和亲王弘昼、和硕果亲王弘瞻、多罗慎郡王允禧总理，内阁学士董邦达、户部郎中戴临担任写签较对，镌刻上石由四名内府高手宋璋、扣住、二格、焦林担任。前后历时4年，竣工后，又另用上好纸墨将石刻拓成帖，此帖即为《御制三希堂石渠宝笈法帖》的最早拓本。

乾隆十四年（1749年）七月初二日，懋勤殿首领文旦交出三希堂法帖油条三十二册，传旨著交御书处一面镌刻。"……今三希堂法帖油条共计三十二册，若即钉珠勒石，诚恐一经刻成，油条残废，改正文处无可考证，而本文俱系累朝名人手笔，乃大内珍藏之物，臣等未敢擅请，拟请本处及外刻字好者，派员外郎永泰监督，另行双钩一份，以备校对。"

阅古楼三希堂法帖石刻共 495 方，每方石刻长 0.95 米，宽 0.30 米，厚 0.10 米。镶嵌于环形的阅古楼内东面上下层廊内。上下层廊内各分为 11 间，上层每间镶嵌 21 方，11 间共镶嵌 231 方；下层每间镶嵌 24 方，11 间共镶嵌 264 方。乾隆三十年（1768 年）奏案："阅古楼镶砌墨刻石内闪动五十五块，应照旧归安。"

道光九年（1892 年）十一月二十七日奏案："北海阅古楼一座，计二十五间，头停渗漏，角梁糟朽，东南角檐柱沉陷糟朽，檐头间有脱落，石料走错，台帮鼓闪，扇面墙西南角劈裂，地面砖沉陷，油饰爆裂，院内海墁砖块酥碱，暗沟淤塞……"

道光十九年（1839 年），清内务府御书处将《三希堂法帖》石刻内，除较大的三寸、四寸字外，其余一寸、二寸字及印章共 9 万多字重新剔刻一遍，并在每方石刻的周边加刻花纹。

1963 年 12 月中旬，阅古楼大修工程开工，此次修缮以保护古建筑，保护《三希堂石渠宝笈法帖》石刻为主，同时考虑到方便参观。因此修缮工程包括挑顶、整修大木、更换檐椽、飞椽、望板、添配门窗、改装楼梯、安装照明、油饰彩画。石刻方面包括刷洗、粘补、挪移位置重新排列。将原来只能走一个人的螺旋木楼梯，改为能并行三人的铜盘混凝土楼梯两座。建筑是按原样修复，窗扇上加玻璃屉，改善并增加楼梯。楼上靠山一面原来的推扇遗迹改为围护墙，上层围廊内原镶嵌石刻法帖的砖墙改为橱窗。使之更加便于管理，更加安全，楼下原镶嵌石刻法帖的砖墙改为橱窗。《三希堂石渠宝笈法帖》石刻由原来镶嵌在上下两层围廊移到楼上室内，按间排列，并做防潮处理，使之更加便于管理，更加安全。此项修缮工程由北京市建筑设计院设计，北京市园林修建工程处（现园林古建工程公司）施工，石刻拆、洗、粘、修、安装是由北京建筑艺术雕塑工厂完成的，全部投资共8.56万元。

1964年，公园管理处为保护石刻和更有利于游客观赏，将阅古楼下层廊内石刻全部移至楼上，经过调整，将楼上东面、东南面及东北面的13间，每间以隔壁相隔，将石刻镶嵌于每间的内墙及两边的隔墙上，13面内墙中有10面各镶有15方石刻，2面（两拐角间）各镶有30方，1面镶有10方（因此墙中间有一小门），总计13间的13面内墙上共镶嵌石刻220方；隔墙共有14道，每道墙两面均镶有石刻，除东北面最后一道墙两面共镶15方石刻外，其余每道墙两面共镶20方石刻，总计14道隔墙共镶嵌石刻275方。1988年，又将全部石刻安装上铝合金玻璃护窗，以利保护。

亩鉴室、酣古堂、写妙石室这组建筑占地面积534平方米，建筑面积323.92平方米。亩鉴室位于琼岛西麓，阅古楼东北山坡上，建于清乾隆十八年（1753年），二开间，坐东朝西，硬山灰筒瓦卷棚屋面，前出廊，明间隔扇门四扇，次间及后面明、次间均为城砖乾摆坎墙，支摘窗。前面垂花门一间，两侧跌落游廊共14间，灰筒瓦卷棚屋面，外侧砌软廊心，内侧楣子坐凳，院内用黄太湖石堆叠假山及踏跺，由垂花门直登亩鉴室。室后有水池。

面鉴室

清乾隆题写匾联曰"天光水态披襟袖,岸芷汀兰入画图"。左室联"山容空外秀,波态席前浮"。右室联"一弘水镜呈当面,满魄冰轮映举头"。后室联"镜光呈朗照,竽韵发清机"。

酣古堂位于琼岛北麓西侧,建于清乾隆三十七年(1772年)。三开间,坐南朝北,硬山灰筒瓦卷棚屋面,前出廊,明间隔扇门四扇,次间及后檐明、次间均为城砖乾摆坎墙,上装支摘窗。东山墙有黄太湖石洞口一座及山洞四间,灰筒瓦卷棚屋面,外侧软廊心上嵌什锦窗,内侧装横楣坐凳。院内堆叠黄太湖石。

写妙石室位于酣古堂迤东,建于清乾隆三十七年(1772年)。由酣古堂进东山墙山洞口穿过山洞即达。三开间,南向,硬山灰筒瓦卷棚屋面,明间和西次间各一层,西山墙叠太湖石洞口入山洞与酣古堂相通。东次间下沉一层为楼梯间,下层东山墙上留黄太湖石洞口穿过山洞,可通至延南薰(扇面亭)下山洞。明间隔扇门四扇，次间及背面明次间均为砖坎墙支摘窗。

烟云尽态亭位于琼岛西麓阅古楼后面水池中，建筑面积16.34平方米，建于乾隆十八年（1753年），亭为八角形，此亭为花岗石石柱基础，石基础上立八根八角形石柱，柱上架石额枋，灰筒瓦盖顶，砖宝顶。石额枋内外侧各镌刻有乾隆御制七言诗2首。八根八角石柱上分上中下三段镌刻有乾隆御制七言诗24首，共镌刻26首。在亭内刻诗如此之多，实属罕见。石亭四周有水池，环境优雅，古树参天，堆叠的太湖石假山，峰峦峭壁，与建筑形成了对比，与环境相协调，增加了园林生动感和自然情趣。

鬟云峰亭位于琼岛西麓水精域东北山坡上，建于乾隆十七年（1752年），灰筒瓦重檐八角攒尖屋面，台基尚在，亭子无存。1992年复建此亭，建筑面积35平方米，投资12万元，1993年竣工。

邀山亭位于琼岛西麓，即揽翠轩北厅西坡上，建于乾隆十七年（1752年）。

琳光殿、甘露殿、水精域三座殿堂坐落在琼华岛西麓，依山而建。琳光殿建于乾隆十年（1745年），面临太液池，三开间，歇山灰筒瓦屋面。殿内曾供奉韦驮木大士像。内侧有抄手爬山游廊可达甘露殿。

甘露殿建于乾隆十年（1745年），三开间，前出廊，歇山灰筒瓦屋面。乾隆御制匾

琳光殿

"莲界慈缘"，联"不二启津梁同归法海，大千空色相自觅心珠"，殿内供奉铜胎大悲菩萨像一尊，现无存。

水精域建于乾隆十八年（1753年），三开间，歇山彩色琉璃瓦屋面，琉璃玲珑正脊及垂脊。乾隆御制匾"水精域"，联"镇留岚气闲庭贮，时落钟声下界闻"。

原琳光殿、甘露殿内佛像，因年久失修，佛像颓坏无存。现琳光殿、甘露殿、水精域三殿分别供奉人皇轩辕黄帝、天王伏羲氏、地皇神农氏像。1993年三皇像从团城移此供奉。

水精域殿旁有一古井。乾隆在修建北海时，发现古井，并曾写《御制古井记》一文，其中说："辘轳更汲，可致山巅。……今得此于湮埋土封中，不浚可汲，导流助景，事半功倍。"此井在元代用一种在井上绞起汲水叫辘轳的工具，引古井之水绠汲可至山巅，产生喷水瀑布、溪流等人工水景。2005年，公园在修缮琼华岛建筑时，将这一古井进行了恢复。古井旁一座妙鬘云峰亭，于1993年复原。

蟠青室、一房山建于清乾隆十七年（1752年），从室内南间石岩盘旋而下，为蟠青室，室内叠有黄太湖石洞口。一房山联"好山一窗足，佳景四时宜"，又联"翠霏峰四面，青翯户千螺"。因地下层内全部用太湖石堆叠而成，呈山洞状并有石踏跺，可盘旋上下。《日下旧闻考》记载：因"房中覆湖石成山"故名。乾隆二十三年（1758年）有诗称："架楹玲峰山，步磴嵌岩底。夤缘陟其巅，仍在一房里。"由蟠青室南出门可至平台。从平台游廊而下可到琳光殿。

小玉带桥位于琼华岛西侧，建于乾隆十七年（1752年）。建筑面积61.20平方米，长17.40米，宽3.88米。此桥平面为曲形，立面为圆拱形，状如玉带，故而称玉带桥。金刚墙、拱券、台阶式桥面、地伏、栏板、望柱均用青白石制成。栏板望柱早年毁圮，改用旧砖砌成宇墙。1976年因地震拱券走错，宇墙局部坍塌，因不影响使用当时只恢复了宇墙。1989年翻修桥面、栏板、望柱，恢复青白石材制。

蓬壶挹胜亭位于意远亭西下坡，静憩轩院正南下坡。建于乾隆三十八年（1773年）。亭为灰筒瓦六角攒尖屋面，砖雕宝顶，亭子已毁、基座尚存。1993年在原基座上依原式复建此亭，建筑面积26.02平方米，投资8.50万元，当年竣工。

揖山亭位于琼岛西麓一房山上坡，东倚庆霄楼，建于乾隆十七年（1752年）。亭为四角攒尖灰筒瓦屋面。台基尚在，亭子无存。1993年在原台基上复建此亭，建筑面积20.25平方米，投资6.5万元，1994年竣工。

双虹榭位于永安桥迤西湖岸边上，占地面积510平方米，建筑面积455.88平方米。西临方亭,北依琼华岛。坐北面湖,五开间，旧砖砌硬山灰筒瓦屋面，坎墙亦系旧砖所砌，前后檐明间隔扇门各四扇，次间、稍间均为坎墙支摘窗。门前有抱厦三间，悬山灰筒瓦屋面，原两山及前檐均装横楣坐凳，后明间改玻璃门四扇，次间及两山改为坎墙支摘窗。

这里原来并无建筑，民国十九年（1930年）由阳泽门迤北移建于此。建成后，北海公园董事会会长傅增湘曾为这座建筑题写匾额，榜曰双虹榭，并题记云："北海墙西，旧有广场，实惟御厩，前列听事五楹。民国初元，于焉阅武。顷年，图书新馆度地经始。撤屋伐垣，俾临海岸。爰取旧材，移建于此。背枕琼岛，遥带两桥。取少陵诗意，为题新榜，并志颠末云。庚午五月，傅增湘。"

这座建筑滨临湖边，因而地表水位很高，移建时除桑墩（柱基础）较深外，山墙、前后檐墙、坎墙、拦土墙（压面石下的台明）的基础都比较浅，经冬季结冰冻涨，山墙、坎墙、拦土墙经常出现歪闪走动，经过几次拆砌仍无济于事，每隔两三年必得拆砌一次。故于60年代及70年代，分别彻底重新拆砌西山墙、东山墙、前后坎墙及拦土墙（台明），并采取挖槽后排水的办法，加深基础，仍用旧砖砌成，外抹月白麻刀灰，内墙抹白麻刀灰。将抱厦前檐明间改为四扇玻璃门，两山的玻璃窗改为与大厅前后檐一致的坎墙支摘窗。西侧有三间南房，为了使用方便，后檐于60年代开门加窗。双虹榭及西侧三间房，自建成后一直经营茶点业务。1987年夹道通进管道煤气，除经营糖果、冷饮外，又增加了快餐业务。再西有一座双虹榭亭，建于乾隆十七年（1752年）。建筑面积56.25平方米。原有游廊七间，现已无存。亭北有背湖面东硬山灰筒瓦屋面西房13间，为三卷勾连搭，前两卷，三开间，后一卷为七开间。前后明间玻璃门四扇，前后次间，尽间稍间均为坎墙玻璃窗。

双虹榭北面隔路原为平台，只有北房三间，硬山灰筒瓦屋面，前出廊，明间四扇玻璃门，次间为橱窗。1949年接管公园时平台为展览观赏金鱼用。1985年撤销金鱼展台，在三间房东侧添建五间北房，为硬山灰筒瓦屋面，前出廊，明间四扇玻璃门，次间、稍间为坎墙玻璃窗，东次间与西四间隔开，东山墙后檐留门。

再东称文艺厅及南厅建筑，位于琼岛东南隅，邻近湖面，建于清乾隆十七年（1752年）。占地面积356.7平方米，建筑面积288.84平方米。文艺厅原为点景房，五开间坐东朝西硬山灰筒瓦屋面，前出廊，明间步步紧隔扇门四扇，带帘架及夹门窗，次间、稍间及背面均为步步紧支摘窗，如意台阶两步。民国十四年（1925年）公园开放成立事务所时，在五间房后加一卷，建房四间半，做法、装修与前五间相同。

南厅，原亦为点景房，三开间，坐南朝北，硬山灰筒瓦屋面，前出廊，明间步步紧隔扇门，两次间及背后为砖坎墙步步紧支摘窗。民国十四年（1925年）公园开放成立事务所时，在两侧建耳房各一间，前带平台廊。1975年又拆掉耳房改为与原三间房同样形式房五间，如意台阶。

慧日亭位于琼岛东麓智珠殿南侧，建筑面积68.06平方米。南向，灰筒瓦重檐四角攒尖屋面，四面围廊、攒金柱间南北装隔扇门四扇，东西面城砖乾摆坎墙支摘窗。台基压面石青石制作，南北青云片石踏跺。现为敞亭，檐柱间装楣子坐凳。1994年油饰下架。

振芳亭位于慧日亭南，建于乾隆年间。《日下旧闻考》载："又自永安寺墙之东缘山而升，路中有振芳亭，再升为慧日亭。"

智珠殿般若香台下正面有一座四柱三楼黄琉璃瓦木结构如意斗拱牌坊，又名智珠牌楼，也称陟山桥牌楼。牌楼为四柱三楼，如意斗拱，黄琉璃瓦屋面，无额。清代及民国时期经常修葺。中华人民共和国成立以后曾两次大修。1974年因南侧两柱糟朽，夹杆石部位往下墩接改为钢筋混凝土，历次修葺时添配瓦件，油饰彩画。

牌楼面对陟山桥，桥为三孔拱形石桥，横跨太液池。过桥为北海东门。

陟山桥、陟山门位于琼华岛东侧，直对陟山门，建筑面积311.62平方米。此桥原在现址以北，《辍耕录》中记："山之东有石桥，长七十六尺（23.35米），阔四十一尺半（12.75米）。为石渠，以载金水，而流于山后，以汲于山顶也。"当时桥的功能既能行车走人，又能载金水至琼华岛山，是座两用桥。此桥始建于元代，于乾隆五年（1740年）挪建。长32米，宽7.10米。基础为花岗岩砌成，金刚墙及拱券均为新样城砖砌成，为三孔，桥面石、仰天石、栏板、望柱均为青砂石制成，1951年翻新桥面、添配残缺栏板、望柱。1974年在栏板、望柱内侧加了金属栏杆。

陟山门北海东侧偏南处，坐西朝东，正对琼岛白塔，建筑面积22.61平方米。门外为陟山门大街，偏对景山西门。门为砖门跺，歇山灰筒瓦屋面，灰脊件，青砖砍制冰盘檐及椽头。门枕上柱门框，上为门龙，为实心穿带大门，宽3米，高4米多。为当时帝后进出北海的主要门之一，当时帝、后等乘辇舆至北海进行各种祭祀、拈香、避暑、观冰嬉等均出皇城神武门，经北上门（无存）进景山门，出山右里门（景山西门），然后进陟山门。门南北各有一段青砖下肩，墙身抹红麻刀灰，冰盘檐上覆以灰筒瓦灰青水脊的砖墙。再两侧，即是新样城砖所砌，抿月白灰蓑衣顶的园墙。

濠濮间　画舫斋

北海东岸园林景观贫乏，乾隆皇帝为改善充实造景内容，于乾隆二十二年（1757年）在东岸扩展东墙，把原来墙外的土地庙、康熙年间的蔡状元府的住宅都圈入园内，精心营造了濠濮间、画舫斋两座仿照私家园林建筑的园中园，使东岸的景观大大丰富起来。仿建的这些小型园林根据北方的建筑和花草树木的特点，结合叠山理水，再现江南园林的情调，求其神似而不拘泥于形似，是一种艺术再创造。在清代将皇家园林与私家园林两种不同风格的园林成功地结合起来，形成了既有皇家园林的富丽堂皇，又有私家园林古朴自然和谐统一的格局，体现了中国园林"虽由人作，宛自天成"的园林艺术。

濠濮间

濠濮间建于清乾隆二十二年（1757年），与画舫斋和春雨林塘同期建成，殿宇和游廊均为灰筒瓦屋面。占地面积4416平方米，建筑面积350.12平方米。

据《国朝宫史》载：过陟山门、棂门，路西有水殿一区，以藏御舟。路东，门三楹（濠濮间宫门）西向，入门，循廊蹑山而北，有堂据山巅，北向者曰云岫，……西向者曰崇椒。

濠濮间包括宫门、云岫厂、崇椒室、濠濮间。云岫厂乾隆帝题联"风月清华赢四季，水天朗澈绕三洲"。循游廊而上，为崇椒室，

濠濮间

濠濮间匾额

室联"月写个文疏映竹,山行之字曲通花"。桥北端石牌坊一座,坊柱南面联"日永亭台爽且静,雨余花木秀而鲜"。横额"山色波光相罨画"。坊柱北面联"蘅皋蔚雨生机满,松嶂横云画意迎"。横额"汀兰岸芷吐芳馨"。濠濮间额曰"壶中云石"。联曰"眄林木清幽,会心不远;对禽鱼翔泳,乐意相关。"又曰"画意诗情景无尽,春风秋月趣常殊"。

濠濮间清幽深邃的意境,正缘于它得名的典故蕴涵,清康熙为承德避暑山庄,就题有此名。"濠濮间"一语,出自《世说新语》,南北朝时梁简文帝游娱华林园时所发感慨:"简文入华林园,顾谓左右曰:会心处不必在远,翳然林水,便自有濠濮间想也。"

这里用典于《庄子·秋水》篇里的两则故事，即"庄子与惠子游于濠梁之上"和"庄子钓于濮水"，其意是移情于林水清幽的胜境，自可领会超脱无为、自由自在的精神追求。濠濮间的造园立意，也正在于创造这样一个能够净化凡俗，寄情林水鱼禽之乐的清幽世界。乾隆御制濠濮间诗云："峭茜青葱表，澄漪绮碧浔。聊因构朴屋，讵欲拟华林。俯仰得天趣，冲融散远襟。生机含水石，静度逮鱼禽。信矣堪明志，于焉亦会心。六朝非所企，渭上倘容寻。"这里布局灵活，因地制宜，建筑灵巧，回廊曲折，叠石引水，曲桥、水池、假山，配置花木，景色清幽，体现了江南文人写意山水的艺术手法。

乾隆二十二年（1757年）五月二十七日奏案："南边点景房四座，计十二间，游廊二十九间，山石水池一座，青砂石湾转桥一座，东边筒子河一道。"奏案记点景房四座，是指邻路边的宫门和云岫厂、崇椒室、濠濮间。

乾隆二十四年（1759年）六月十九日奏销档："……南边新建宫门三间，山上倒座房三间（云岫厂），向西点景房三间（崇椒室），随山式游廊三座计二十四间，临河石柱敞厅三间（濠濮间），青山石水池一座，青砂石七空（孔）湾转石桥一座。……湾转石桥北头添安青白石牌楼一座。"

同治元年（1862年）奏案："濠濮间北过水山洞以及出水涵洞，现查石料坍塌，有碍水道，今拟清理石料外，清挖淤泥。"

1970年，宫门、云岫厂、崇椒室、濠濮间，全部揭窊屋面，部分挑檐头，宫门推出坎墙，游廊挑顶，重窊屋面，修复廊心台阶，全部油饰彩画，投资1.64万元，由北京市园林局修建工程处施工。

1977年进行地震后的维修，着重归安移位的石牌楼、桥栏板和望柱，由市房修二公司古建工程处施工。

濠濮间游廊

画舫斋

画舫斋建于清乾隆二十二年（1757年），位于北海东岸，往北可达先蚕坛，南邻濠濮间，再南可通陟山门。占地面积6816平方米，建筑面积1416.73平方米。整座院落殿宇、亭廊均为灰筒瓦屋面。

乾隆二十二年（1757年）五月二十七日奏案："蚕坛南边新建宫门三间（正门），并殿五间（春雨林塘），抱厦三间，后殿五间（画舫斋），前后抱厦六间，配殿二座计六间，周围转角游廊三十六间，殿前豆渣石水池一座，西边临河房三间，游廊八间，东边方亭一座（绿意廊），向东房二间，湾转游廊十二间，随山式院墙凑长五十六丈二尺（179.84米），随墙门楼一座；石桥座，牌楼二座，西边出水口山石河一道，南边点景房四座，计十二间，游廊二十九间，东边筒子河一道，并挪盖船坞一座，计十一间。值房库房十四间，院墙三十丈（96米）。龙王庙三间，诸旗房四间，并成堆土山培垫河沿，堆做山石泊岸以及油饰彩画、糊裱等项工程，所需办买木石砖灰，绳麻钉铁杂料，给发各作匠夫工价运价，共约需银八万八千七百三十五两四钱四分四厘，请向广储司支领应用。其内檐装修，俟奏准样式妥协成做，统俟工竣之日，再将所用银两详细查核，一并奏销。"

乾隆二十四年（1759年）六月十九日奏销档："……修建春雨林塘等处工程，原估工料内除旧料拣选应用外，净约需添办新料给发工价银八万八千七百三十五两四钱四分四厘，奏明向广储司支领。派员外郎硕尔霍、天保、七十一承修。

"今据员外郎硕尔霍等呈称：修建得春雨林塘宫门三间，前殿五间，抱厦三间（春雨林塘）。后殿五间，前后抱厦六间（画舫斋）。东西配殿六间（东曰'镜香'，西曰'观妙'），转角游廊四座计三十六间。后殿东边临河点景房三间，游廊十间。西边水座房二间（小玲珑），方亭一座（绿意廊），水柱湾转游廊十一间，垂花门一座（画舫斋后西墙间），南边新建宫门三间（南边正门），山上倒座房三间（云岫），向西点景房三间（崇椒），随山式游廊三座计二十四间，临河水柱敞厅三间（濠濮间），青山石水池一座，青砂石七空（孔）转湾石桥一座。后殿前豆渣石水池一座，并东边豆渣石筒子河一道九十八丈（313.60米），暗沟十七丈九尺（57.28米），进水闸口一座，成砌随山式院墙五十七丈五尺（184米）。先蚕坛前青砂石桥一座，四柱三楼牌楼二座（无存），山石出水河一道，均在'观妙'迤西。改盖船坞十一间，值房五座计十五间（无存），诸旗房二间（无存）。拆挪龙王庙三间（无存），旗杆二座（无存），以及殿宇亭座油饰彩画、糊裱，铺墁甬路、散水等项工程，俱经遵照原估修理完竣。所有用过木石砖灰，绳麻钉铁杂料，给发各匠夫工价、运价通共销算银九万九千五十二两三钱四分二厘。内除用过旧料抵用银一万五千五百七十两一钱八分。

画舫斋

"又估外后殿东边添建方亭一座。湾转石桥北头添安青白石牌楼一座。东边临河扶手花墙凑长三十二丈五尺（104米）。添安青白巡杖栏杆。筑打灰土甬路。成做各殿内里装修，毡竹帘雨搭，龙王庙内增塑神像，并土山长高，栽种树株等项工程，通共销算银一万七千三百四十六两五钱七分九厘，净应销算银一万六百十九两三钱六分九厘。"

乾隆三十二年（1767年）五月二十五日奏案："画舫斋东边添建正房二座，计六间（前曰古柯庭，后曰奥旷），方亭一座（绿意廊）前正房西山游廊三间，后正房东山游廊四间，东厢房南山游廊一间，方亭南山游廊十间，挪盖东厢房三间（得性轩），以上添盖并挪盖房间游廊共八座，计二十八间，拆卸方亭一座，游廊十九间，拆砌泊岸凑长二十四丈七尺（79.04米），院墙长七丈（22.40米），添砌院墙二丈（6.40米），铺墁石子海墁，成堆山石点景，办造内里装修油饰彩画、糊裱等项工程所需工料，内除紫檀木、高丽纸等项照例向各该处领用，并本处拆得旧木植、石料、砖瓦抵用银一千五百十三两四分九厘外，……按例估需银六千六百八十九两八钱八分八厘。"同治二年（1863年）四月十九日奏销档："春雨林塘天沟渗漏，画舫斋天沟渗漏……"光绪十三年至十五年（1887—1889年）《奉宸苑·活计簿》记载有画舫斋内房屋，泊岸维修的内容。

画舫斋建筑独具一格，水殿回廊，结构精巧，景色清幽，是典雅别致的园中之园。院中方池碧水与建筑相映，画舫斋如同一条画舫船，乾隆御制诗写道："画舫乘来画舫斋，是同是异费安排。虚舟若悟南华旨，所遇欣之总大佳。"赞称"斋似江南彩画船，坐来轩栏镜中游"，特命名"画舫斋"。有诗云："雕栊绮槛莹波光，四面朱廊绕碧塘。若过中州风景地，休将遗迹访欧阳。"

进入正门，是春雨林塘殿，与之相对为画舫斋殿，匾曰"竹风梧月"，殿内曾有清乾隆皇帝为东室题联"诗句全从画里得，云山常在镜中留""于淡泊中寻理趣，不空色际忘言诠""常借青山作屏障，由来大块假文章"。西室题联"布席只疑天上坐，凭栏何异镜中游""云容水态不相厌，画意诗情分与投"。殿内有联"窗近春洲，宛尔棹波闻欸乃；帘开秋水，恍然载月漾空明"。

画舫斋殿两侧配殿，东为镜香室，室联"静与心谋宁有色，香生鼻观亦无空"。西为观妙室，室联"露滉花递馥，风度水生纹"。

西北侧的"小玲珑"，曲廊幽静，小室安谧，建筑在水上，如同一条小船。室内匾"得真趣"，室内联"有怀虚以静，无俗窈而深""雨后峰姿都渥若,风前竹韵特悠然"。

东北侧的古柯庭为一幽静的三楹小室,院落精巧,曲折多变,奇石玲珑,花木苍翠,与前院风格迥异。庭联"金波长漾中秋月,玉镜平分明圣湖""竹秀石奇参道妙,水流云在示真常""云端奥旷轩疑画,树杪高低圃是悬"。古柯庭之名取自陶渊明的"引壶觞以自酌,眄庭柯以怡颜"的诗句。院内一棵唐代古槐已有一千多年历史,因此得名"唐槐"。乾隆帝为"唐槐"建古柯庭,乾隆曾赋诗曰:"阅岁三百年,成阴数亩多……古槐五百年,几度荆凡阅。"

古柯庭后有一室为"奥旷",联曰"山参常静云参动,跃有潜鱼飞有鸢""藉松为幄阴偏秀,倚石成章兴迥殊"。左面"得性轩",曲廊回绕,轩廊之间有小厦,乾隆题匾额为"绿意廊",联曰"虽是境蹊略行转,果然松竹不寻常"。乾隆年间,画舫斋是皇帝来北海拈香、拜佛游玩到此休憩的重要场所。光绪和他的老师翁同龢经常来此。

光绪十一年(1885年)四月二十八日,皇上(光绪)至大高玄殿祈雨,入承光左门,至永安寺拈香,跪迎皇太后,静憩轩用膳,悦心殿办事,出承光右门,入福华门。后至画舫斋读书,仍至静憩轩用晚膳,由旧路还宫。四月二十九日,皇上侍皇太后于春雨林塘门外黄幄,阅御前大臣戈什哈乾清门侍卫搬步箭。

据记载画舫斋是光绪读书的地方,有时还与翁同龢纵谈古今,留宿于此。

《三海见闻志》记:"翁文恭尝侍德宗读书于古柯庭。"又载:"乙酉四月二十八日，饭于古柯庭旁屋。午初，上（光绪）至，余等于春雨林塘院内站班、叩头。谢纱葛，满书刻许。二刻入作诗一首，纵谈古今，温书一章，未写字，未初三刻退，仍检书入楄盘内。"殿堂内曾陈设有许多珍贵的字画、古玩等珍品。

画舫斋南门外原是清皇帝检阅射箭的地方。据史料记载：满人善骑射，并以此打下了大清江山，清帝为避免这一建国立世之本在和平时期荒废，居安思危，所以每年都要演武习射。北京当时有多处校场，画舫斋是禁苑中为皇室成员而设立的一处"箭场"。每年的春末夏初与秋冬之交，皇帝都要在此观射箭。射箭前由武备院掌伞处预备黄布凉棚、过梁帐及染红石鼓，在画舫斋外支搭帷幄。

光绪十二年（1886年）五月二十日《武备院掌伞处档》记载："准：武备院文开，本月二十二日，皇上至北海画舫斋看侍卫箭，本院账房库预备黄纱凉棚一架、过梁帐一架，应用石鼓三十个。需用扎绑绳九十斤，每斤银六分五厘，石匠工每工银一钱五分四厘，运夫二百四十个，银八分，拉运石鼓往返计三十车，每车脚银二钱，共用实用银三十二两二钱八分二厘。……七月十一日准：武备院账房库文开，七月十一日至十六日，皇上前往北海画舫斋看侍卫箭，本院预备纱凉棚一架、过梁帐一架，应需朱红色石鼓四十个，将石鼓运至该处。"

比赛场面十分可观，亲王、郡王、贝勒、贝子、御前大臣、内务府大臣、散秩大臣、乾清门侍卫都来登场竞技，得胜者赏黄马褂。光绪十三年（1887年）17岁的光绪皇帝在师傅翁同龢陪伴下，常到画舫斋读书。这期间光绪皇帝曾常在画舫斋门外射箭，并观看御前大臣射箭。随着清王朝的逐渐衰落，这项活动也停止了。

民国五年（1916年）黎元洪政府总统府秘书长饶汉祥居住在画舫斋内。

1925年北海开放以后，画舫斋作为北海公园董事会会址，曾改建为大众自然博物馆，在开放期间，均进行过小的维修和经常性的岁修。自1952年4月28日起借与北京市文物调查组办公使用。1954年美术家协会租用画舫斋举办书画展览，并不断进行小维修和常年的岁修。

1972—1976年，对画舫斋和春雨林塘全部建筑、水池泊岸、扶手墙及院墙进行一次大型修葺，投资31.91万元。由市房修二公司古建处施工，输水管道由市政四公司施工。《日下旧闻考》载：水殿之北有龙王庙，庙后小渠亘之，自太液池注水入春雨林塘者也。上有桥，桥南北坊各一。二坊在南者曰"贮月""撷锦"；在北者榜曰"轶云""延春"。过桥即先蚕坛。

嗣后未查到牌坊修葺记载，根据有关资料可以断定牌楼为清道光朝倒塌未予修复。1956年4月，在龙王庙旧址成立"少年先锋队水电站"，工程于当年7月开始，10月竣工，10月26日发电，11月1日正式移交使用单位。建成后，并入北京市电力网。

先蚕坛

据《日下旧闻考》载：亲蚕殿在万寿宫西南，有斋宫、具福殿、茧馆皆如古制。按明世宗实录，礼部上言：皇后出郊亲蚕不便。是日召大学士张孚敬，令与尚书李时议；移之西苑。嘉靖九年，敕礼部曰：耕桑重事，古者帝亲耕，后亲蚕以劝天下，自今岁始，朕亲耕，皇后亲蚕，其具仪以闻。于是大学士张璁等请于安定门外建先蚕坛。准先农坛制。户部亦言：安定门外水源不通，无浴蚕所。初，礼部议于皇城内西苑中有太液池琼岛之水，且唐制亦在苑中，宋亦于宫中，从礼部议便。上命筑亲蚕坛于安定门外。皇上御极之七年，命于西苑东北隅丰泽园左建先蚕坛，其浴蚕河自外垣北流入，由南垣出。

康熙年间，只在丰泽园的左面设有蚕舍，养蚕以缫以织。到雍正年间，世宗又将先蚕坛改建于北郊。乾隆初，商议亲蚕典礼时，众臣提出北郊蚕坛离皇宫道路太远，皇后亲莅不太方便，而且那里水源不通，无浴蚕河。于是奏请皇上钦批在北海的东北隅建先蚕坛。

乾隆八年，在原明代雷霆洪应殿旧址建成先蚕坛。新建先蚕坛位于北海东北隅，北邻地安门西大街，东依北海北夹道，西面和南面临北海湖，南北长130米，东西宽132米，占地面积17 160平方米，建筑面积1 520.50平方米。

始建与规制

清乾隆七年（1742年）八月初四日内务府奏案："奴才海望谨奏，为请旨事。窃惟古制，天子亲耕以供粢盛，后亲蚕以供祭服。自昔亲蚕大典，原与亲耕之礼并重。"乾隆七年（1742年）九月初八奏案："八月二十六日将先蚕坛烫样呈览，奉旨照样准做，钦此。钦遵随即率员踏勘，约估得先蚕坛祭台、采桑台、蚕宫、织室、茧馆、神库、神厨、井亭，从室殿宇房座八十七间，天门、宫门、瘗坎、方河、桥闸十一座并各处随墙门座、大墙、月台、海墁甬路，填筑海岸河道，起培地基以及拆修外围北面大墙等项，除需用颜料向户部领用，琉璃瓦料、杉木、架木杆向工部取用，绫绢纸张、铜锡物料向广储司领用，亮铁槽活交武备院办造，并遵旨将建福宫、瀛台等处余剩木、石、砖瓦选用外，所有办买木、石、砖、灰、绳、麻、钉、铁、杂料等项，以及各作匠夫工价，约估银九万六千五百余两。再查得兔儿山前有旋磨台一座，经年久远，倾圮不堪，其中周围砖块甚多，并有补垫河帮石料，此项旧有砖石不便任其弃置，今现在修建蚕坛，奴才愚见请即将此项砖石拣选添用，约估银砖块值银四千三百余两，石料值银三千四十余两，除将前项约估银两扣除外，净应需银八万九千一百六十余两，请向广储司支领应用，以便今冬备料，明春兴修。谨将约估殿宇、房座需用物料工价银两数目另缮清单，一并恭呈御览。为此谨具奏闻。'旨：知道了'。"

乾隆八年(1743年)先蚕坛建成。十一月二十一日奏销档："先蚕坛销算银七万四千一百二十七两七钱二分二厘。"《日下旧闻考》记载先蚕坛的形制："先蚕坛在西苑东北隅。先蚕坛乾隆七年建，垣周百六十丈（512米）。南面稍西正门三楹，左右门各一。入门为坛一成，方四丈（12.80米），高四尺（1.28米），陛四出，各十级。三面皆树桑柘。西北为瘗坎。我朝自圣祖仁皇帝设蚕舍于丰泽园之左，世宗宪皇帝复建先蚕祠于北郊，嗣以北郊无浴蚕所，因议建于此。"

坛东为观桑台。台前为桑园，台后为亲蚕门，入门为亲蚕殿。观桑台高一尺四寸（0.45米），广一丈四尺（4.48米），陛三出。亲蚕殿内恭悬皇上御书额曰"葛覃遗意"。联曰"视履六宫基化本，授衣万国佐皇猷"。亲蚕殿后为浴蚕池，池北为后殿。后殿恭悬

先蚕坛山门

皇上御书额曰"化先无斁",联曰"三宫春晓觇鸠雨,十亩新阴映鞠衣。"屏间俱绘《蚕织图》,规制如前殿。宫左为蚕妇浴蚕河。南、北木桥二,南桥之东为先蚕神殿,北桥之东为蚕所。浴蚕河自外垣之北流入,由南垣出,设闸启闭。先蚕神殿,西向,左、右,牲亭一,井亭一,北为神库,南为神厨。坛左为蚕署三间,蚕所亦西向,为屋二十有七间。院内殿宇、游廊、宫门、井亭、亲蚕门、墙垣均为绿琉璃瓦屋面,蚕署和蚕所均为灰筒瓦屋面。清内务府奏案:"乾隆九年三月初三日,皇后亲祀先蚕坛。前期二日,皇后于正殿致斋二日,陪祀妃嫔、公主、王妃以下文武大臣、命妇俱各斋戒二日。前期一日,礼部、都察院、太常寺、光禄寺官诣坛,监视宰牲,瘗毛血;太常寺官诣先蚕西陵氏神位前上香。将供奉神位及所办祭品帛爵等物并陈设之仪,指示掌仪司太监、内务府堂官、宫殿监使。至日皇后乘舆诣坛，具礼服亲祭，礼毕还宫。致祭之明日，如蚕已生，即于是日，内务府堂官进筐、钩、彩亭，陈于交泰殿，奏请皇后具礼服视筐，钩毕，授蚕官令安彩亭内，导引乐作，迎至坛内。明日皇后具龙袍乘舆诣坛，至采桑位升御座，行躬桑礼。礼毕，皇后还宫。茧成之日，蚕宫令报内务府具折奏闻，请定献茧缫丝辰日，蚕母率蚕妇择茧贮筐，献皇上、皇太后，遂献皇后。皇后复诣蚕坛，亲临织室行缫三盆手礼，礼毕还宫。"

自清乾隆九年始，每年春季皇后都在这里举行亲蚕礼。《大清会典事例》："凡亲蚕之礼，置桑田于西苑先蚕坛之东南，中为躬桑位，筑台于桑田北，为皇后观采桑之位。"每年采桑日，宫殿监设案于交泰殿中，内务府奉宸苑堂官率所属以龙亭彩亭放置采桑具，皇后是金钩黄筐，妃嫔是银钩黄筐，福晋、夫人、命妇是铁钩朱筐。皇后祭蚕被列为国家典礼。如皇后不能亲莅时，则由内务府总管大臣、礼部、太常寺堂官，奉宸卿酌派一人致祭或派妃代祭。在清代以嫘祖为祭祀主神，由皇后主持，每年农历三月举行先蚕礼。典礼顺序是：迎神、初献、亚献、终献、赐福酒、福胙、撤馔、送神、视瘗。皇后祭先蚕坛礼节有：皇后亲祭先蚕坛礼节、皇后举行躬桑礼节、皇后举行献茧缫丝礼节、遣妃恭代致祭先蚕坛礼节。《清宫词》云："龙亭前导彩亭随，吉巳亲蚕属后妃。内监采词初奏罢，春风吹上绿琉璃。"

根据《奏销档》记载：乾隆年间，每次皇后举行躬桑礼成后，内务府执事女官四十六人，照例各赏大缎一匹、绸子一匹。到道光年间，所有先蚕执事女官只赏给大缎二十三匹、绸子二十三匹，平均每人半匹。到光绪年以后，皇后到先蚕坛只举行躬桑礼，没有进行献茧、缫丝等活动。清帝逊位后，未再进行这两种活动。

据光绪二十六年（1900年）内务府奉宸苑掌仪司记：

蚕茧成，皇后亲诣先蚕坛，举行献茧缫丝礼，吉五月十六日质明，蚕宫令太监献酒果，祭告先蚕之神，陈设缫丝器具于织室正殿。福晋、命妇等，毋庸咸集；执事女官，令其先于先蚕坛皇后降舆处伺候。已正二刻，总管内务府大臣奏闻，午初初刻，宫殿监督领侍太监，奏请皇后至坛。皇后具常服，乘舆出宫，不设仪驾，妃位亦具常服，乘舆随从。皇后至坛壝东门降舆，前引女官十人，后随女官二人，引皇后至织室正殿升御座。妃位随入。蚕母择茧之圆洁者收筐，跪献皇后。皇后受茧，亲择茧之圆洁者，分筐恭收，以俟还宫后恭献皇帝。皇后择茧毕，仍分茧与妃位有差。礼毕，宫殿监督领侍太监，奏请皇后缫丝。引礼女官引皇后至缫丝处。相仪女官二人捧盆注水于釜。蚕母纳茧于釜，佐助皇后缫丝。皇后濯茧出丝者三。相仪女官捧盆退。次蚕母佐助妃位缫丝，妃位以五为节。礼毕，布与蚕妇缫之。蚕母以礼成告引礼女官，引礼女官跪奏皇后"礼成"。引皇后至升舆处，乘舆还宫。其皇后还宫后，应于皇帝前恭行献茧之处，请交宫殿监督领侍太监等照例办理。

修缮与管理

先蚕坛建成后,盖造蚕妇房间,添墁甬路,栽种桑树;乾隆九年(1744年)六月十二日海望、三和谨奏:"查先蚕坛今岁养先蚕,其所用供事蚕妇俱系三旗拣选妇女,因不晓滋养生息并办理蚕事,臣等奏准将圆明园养蚕蛮子妇女派往蚕坛带领蚕妇、蚕母同供蚕事,现今俱已告成。奉旨:将应盖给房间选用旧木料照样盖造,不必过大。其养蚕蛮子俟将房间盖成安住之后,交奉宸苑归并苑户数内当差,就便看守打扫船坞,应如何当差之处酌量料理,俟有苑户出缺,不必另挑,即将养蚕蛮子补用。"

乾隆十三年(1748年)十月三十日奏案:"总管内务府谨奏:为奏闻料估钱粮数目事。据提督九门兵巡捕三营统领衙门文开,乾隆十三年十月十九日本衙门奏称,本月十八日晚间蚕坛内东边养蚕房失火,烧毁房九间,交总管内务府修造,等因具奏。奉旨:知道了。钦此钦遵前来,臣等交该司料估得,据该司料估呈称,蚕坛内失火烧毁养蚕六檩房九间,灭火拆毁养蚕房三间,太监值房二间,共房十四间,内烧毁房九间,照依旧式重复盖造。"

道光十七年(1837年)十二月奏案:修缮有"先蚕坛具服殿一座五间,更衣殿一座五间,配殿四座,每座三间,游廊四座,每座五间,净房二座计二间;神殿一座三间,配殿三座,每座三间，省牲亭一座，井亭一座拆盖；宫门一座，亲蚕殿一座，俱夹陇；蚕池一座，水箱一座拆修以及拆修、粘修涵洞、拜台、采桑坛、月台陛、木影壁、坛墙、院墙、随墙门口、拆墁甬路、海墁散水"。

同治二年（1863年）四月十九日奏案："蚕坛内木板桥一座，栏杆间有散坏，板片间有损坏。蚕坛内外门墙垣间有坍塌。东大墙里外皮坍塌。"

光绪二十八年（1902年）五月七日，内务府档案："修蚕坛殿宇各项要工并添办陈设硬木宝座、桌张、黄缎铺垫、云缎围桌幔帐、欢门片幡等项，共需用实银四万三千一百六十七两六钱，援案请由户部照数筹拨。……皇太后至先蚕坛行躬桑礼，所有从桑妃嫔及王妃命妇等位应用落轿棕毯一丈长、六尺宽八块，续路踏跺，应铺设棕毯一丈长、六尺宽十二块。"

民国三十七年（1948年）五月十八日，文物整理委员会通知公园事务所："北海蚕坛保养工程即将开工，拟将坛东坡房三间拆除，旧料移做修缮亲蚕殿工程。"1949年4月1日，经北京市公用局军管会批准，将蚕坛全部房屋拨借给北海实验托儿所使用。

静心斋

　　静心斋原名镜清斋，位于北海北岸，始建于乾隆二十一年（1756年），乾隆二十三年（1758年）竣工。整个院落占地面积9 308平方米，建筑面积1 912.87平方米。《三海见闻志》记载："静心斋，清代原名镜清斋，门内旧额犹存，民国二年（1913年）始改为静心斋，新额悬于门外。"

静心斋是南方人文园林与北方皇家园林相结合的经典之作，是皇城御苑内构思精巧造园艺术高超的园中之园，是我国古典园林的绝妙佳作之精华。乾隆皇帝经常到此进行游览、休憩。

静心斋内由三个院落组成。宫门、镜清斋、抱素书屋、碧鲜亭、韵琴斋、焙茶坞、罨画轩、沁泉廊、枕峦亭、叠翠楼、画峰室、小玉带桥、石曲桥及西院建筑。

兴建与布局

乾隆二十一年（1756年）五月三日，奏案：三和、吉庆、四格谨奏："大西天东边添建宫门三间，歇山大殿五间，后抱厦三间，净房二间，大殿两边转角游廊两座，计二十六间；东正房三间，游廊五间，西正房二间，游廊三间。东抱厦房二间，游廊十二间。山上正殿三间，东半山房二间，游廊九间。随山势游廊一座，计九间。西值房两座，计五间。山上八方亭一座，歇山敞亭三间，汉白玉桥一座。青砂石水池泊岸四十二丈八尺，花砖墙九丈五尺，随山式大墙五十丈，隔断院墙十二丈。宫门外西南角点景房二座，计二间，游廊五间。东大墙外正房三间，西厢房二间。外围北大墙九十八丈三尺，暗沟六十五丈五尺，进水闸口一座以及成堆黄太湖石高峰、石洞、泊岸等估计银十一万一百七十八两一千四分四厘。"

镜清斋殿

乾隆二十四年（1759年）十二月二十五日奏销档："镜清斋修建楠木殿五间，抱厦三间。前檐两边转角游廊二座，计二十二间。两山净房二间，后檐东西游廊二座，计十二间。西正殿二间，过河敞厅三间。八方亭一座。成做内里装修，汉白玉石栏板柱子以及油饰彩画、糊裱，栽种树株、竹子，毡、竹帘、雨搭。并大墙外添盖值房五座，诸旗房两座。成砌院墙。拆挪箭亭五间，抱厦三间等项工程。通共销算银二十九万九千七百二十九两三钱七分三厘。内除了引取乌拉松木、并石料砖块、琉璃，并塔身拆卸铁料共（折）银八万二千九百五十四两一钱一分四厘，净销算银二十一万六千五十两五钱八分五厘。"

乾隆五十七年（1792年）十二月二十六日奏销档："北海镜清斋楠木殿一座，计五间，后抱厦三间，以及殿宇亭座、敞厅，俱内里拆去原旧地面沙砖换墁花斑石砖。占帮抿灰梗。地面刨筑灰土一步，并找补油饰……销算用过银八千八百二十九两八钱二分八厘，减工料银二百九十一两九钱二分二厘，净准销工料银八千五百二十七两九钱。"

光绪十三年（1887年）二月九日奉醇亲王谕："奉旨：镜清斋本年方向相宜。着即派厂兴修。添建新楼五间（叠翠楼）。"二十二日醇亲王面奉旨："镜清斋均换用松木建盖，将其楠木著造册咨送海军衙门，以备应用。"

光绪十四年（1888年）正月二十五日李总管口传："奉旨：……镜清斋高台楼两边扒山游廊后面添按隔扇窗户，砖砌下肩。"

镜清斋正门俯临太液池，与琼华岛隔水相望。南面为透空花墙，使内外景色交融，扩大了视觉印象。静心斋主要是以建筑作为分隔园内大小不同的院落、空间、层次的艺术手段，循环往复，曲折迂回，环环相套，层层进深，使不同的景物互为因借，分割之中有贯通，障抑之下又有窥透。进入正门，迎面一个长方形的水池，池中有莲。临池是园中主体建筑——镜清斋，有联曰"照槛静无尘，风来水面，开帘光有象，月印波心"。因其前后临水，有取"临池构屋如临镜"之意，故名"镜清斋"。殿内有匾"不为物先"语出自《淮南子·原道》："所谓无为者，不先物为也；所谓无不为者，因物之所为。"两边抱柱有联"凭观悟有术，妙理契无为"。

镜清斋后有假山水池，池中心的沁泉廊是一座桥廊式建筑，廊前后临水，北面山峦环抱，空壑生风。南面明池横陈，荷绿泛影。廊下有滚水坝，以水的落差而形成小瀑布，水流的动感和声音取得了园内静中有动的效果。乾隆咏沁泉廊诗："回回百道泉，其上三间屋。漾影惟云霞，品声定丝竹。"并在御制诗中写道："绿云如盖石泉流，把笔严廊小憩留。风爽云闲树蝉亮，与人着意报新秋。"清代帝后们常来此纳凉消夏。

沁泉廊的东侧是一座汉白玉雕刻的玉带桥，造型优美的两对小兽，躬背立目，顶住桥栏。桥南是抱素书屋，"抱素"出自《老子》"见素抱朴，少私寡欲"，意思说：守我天然纯朴的本质，不为物欲所诱，命名书屋。这里曾是皇太子读书的地方。

前廊东南联结韵琴斋，流水形成泉瀑，水声如扶琴低吟，又似碧玉落盘，故有韵琴斋之名，有联曰"赏心乐事无伦比，妙色真声兼占之""爽澄兰沼波吹细，风渡松林籁泛轻"。乾隆御制诗写道："阶下引溪水，雨后声益大，不鼓而自鸣，猿鹤双清畅。"描述了水流如抚琴，给人们带来美感。依韵琴斋南山墙建悬山屋顶小亭，名"碧鲜"，凭窗南眺可观太液池及琼华岛景色。

韵琴斋小院北侧即是焙茶屋，循廊北上行，即是罨画轩。据《丹铅总录》载"画家有罨画，杂彩色画也"，意思说在这里可以扑揽到如画之景。乾隆诗称："来凭罨画窗，读画隔岸对。"罨画轩抱柱联"花香鸟语无边乐，水色山光取次拈"。室内对联"一室之内观四海，千秋以上验平生"。站在轩前向西眺望，园内的景色历历在目，尤其是采用借景的方法把西墙外的琉璃阁借到园内来，使园中产生小中见大的效果。

静心斋北侧建有爬山廊（即半壁廊），廊随山势起伏迂回，

静心斋内沁泉廊

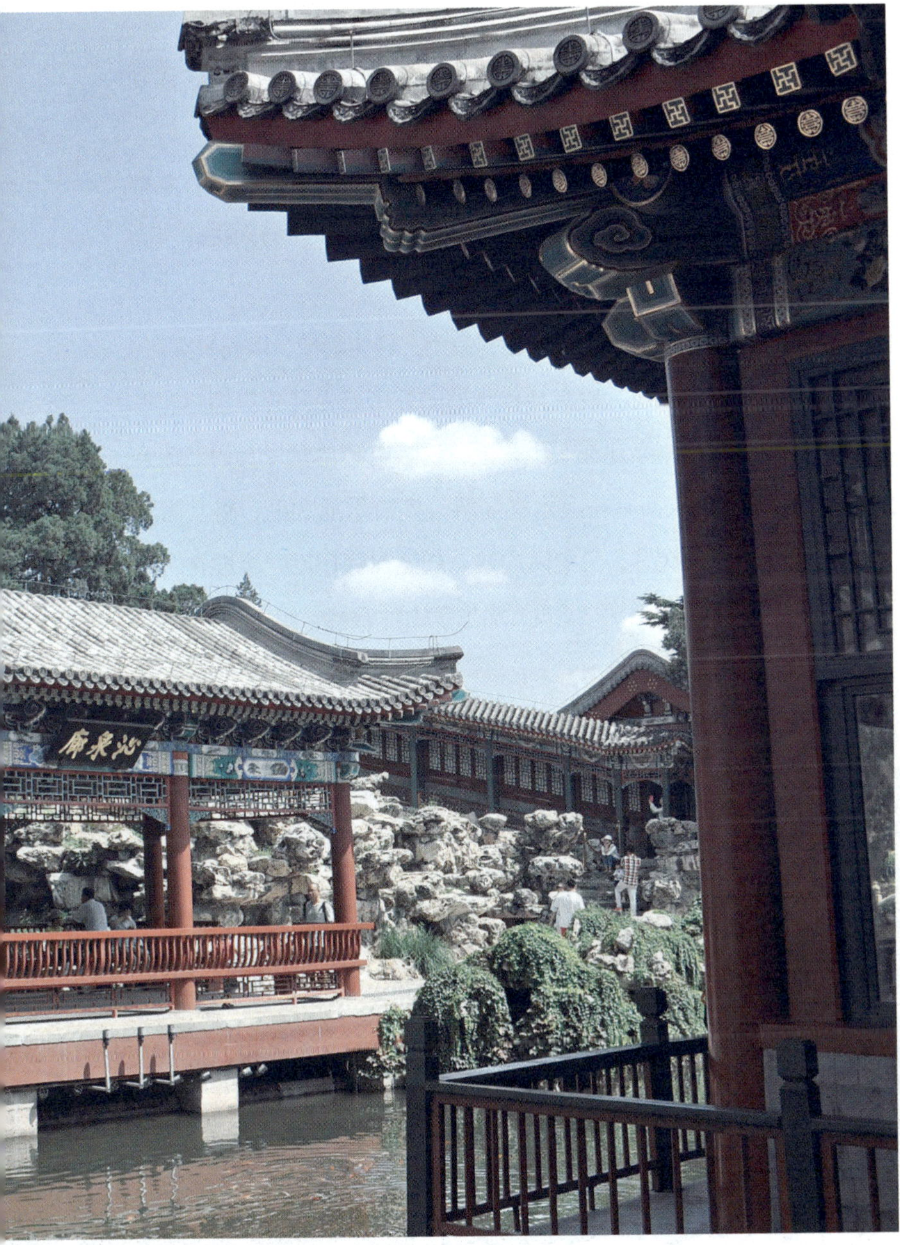

沁泉廊

给人一种曲径通幽，山外有山，楼外有楼的无穷无尽之感，达到了步移景换的效果。

园内西北角，为叠翠楼，建于光绪十三年（1887年），慈禧太后常到此休憩观景，这里是静心斋园内最高点，登楼远眺，园内美景尽收眼底。

半壁廊下有座用太湖石堆砌的假山，悬崖峭壁，以显其突兀；山峦高耸，洞谷相连，以其玲珑剔透的外形减去几分压抑感。一座小巧玲珑的八角亭建在假山之上，乾隆曾写诗赞誉其为"莲朵涌珠宫"。假山东面有一座木栏曲桥，横跨水池之上，将水面隔开，既增加了层次感，又给园内景点起到点缀作用。用堆叠的假山石造景，烘托了园内的建筑，增加了山林意境，使之融于自然，

静心斋西院

与环境和谐统一，达到了园林艺术效果。其叠石构思，技艺水平堪称假山之杰作，把江南园林的精华，文人写意山水园林，引进了皇家园林之中，再现了江南园林的情调，仿佛一幅山水画。假山腹内有蹬道，勾连着园内东西通道，对内丰富了循以游赏景观的内容，对外则深化了山体的层次。1984年5月，中国参加英国利物浦市国际园林节，展出的中国园"燕秀园"中的两座建筑，就是仿照北海静心斋内的沁泉廊和枕峦亭建造的，获得国际园林节博览会大金奖、最佳艺术造型奖（永久保留）和最佳亭子奖。

西苑铁路

　　静心斋是清代帝后到大西天拈香时，来此休憩的场所，乾隆帝每次来大西天拈香都要来此处休憩。光绪年间，慈禧太后为了来园方便修建了一条铁路，自中海的瀛秀园门外，沿中海、北海西岸（出福华门，入北海的阳泽门）经极乐世界，折而向东至镜清斋门前的火车轨道，轨道长三华里（472丈）。光绪十四年（1888年）建成，名为"西苑铁路"。据《清史档案》记载：小火车是在北洋大臣李鸿章授意下由直隶按察使天津海关道周馥、候补道潘骏德与法国新盛公司德威尼订购。当时，从巴黎洋厂加工分节装运来华。慈禧太后所乘的车厢是黄绸窗帏，王公大臣的车厢是蓝绸窗帏。

光绪十四年（1888年）外务部档案："天津海关道周馥、候补道潘骏德与法国新盛公司德威尼订购洋轮坐车六辆，丹特火机车一辆，并铁轨七里余。业经派委道员潘骏德督同员弁匠役人等押运入都，经海军衙门验收，……查坐车六辆，内上等极好车一辆，上等坐车二辆，陈设华美、制作精工。中等坐车二辆，行李车一辆，亦俱材质光洁。尚有铁路七里有奇，其原订价银仅六千两。"

光绪十四年（1888年）十一月十一日，《翁同龢日记》："观新进之火轮车，约长三、四丈，狭长，对面两列可容二十八人，凡三辆，又观机器车，不过丈余，此天津所进，三辆留西苑，三辆交火器营收，昨日甫到也。"

光绪十四年（1888年）十一月二十六日奉旨"北海兴建铁路，由阳泽门至极乐世界殿，定于本年十二月十三日动工；由极乐世界至镜清斋殿定于明年正月初十日动工"。同年，十二月二十五日，将购买洋轮座车出力人员，慈禧懿旨：洋商德威尼等著照所请分别赏给宝星机器局出力人员准其择优褒奖。

当时流传有清宫词一首写道："宫奴左右引黄幡，轨道直铺赢秀园，日午御膳传北海，飙轮直过福华门。"

光绪二十六年（1900年）西苑铁路被八国联军全部捣毁。

宣统三年（1911年）三月二十七日，《奉宸苑档》：隆裕皇太后"懿旨：将中、北海铁路车迅速一律修齐。当经传知西苑电灯公所将应修海内大小轮车活计详细查看铁路等项工程。本苑饬商勘丈兴修，现经该公所查看得应修大轮车三辆，其中上用轮车一辆，车外油皮爆裂，车内铺垫风闪不洁，车前后铜活锈涩，拟将内外一律见新，铺垫更换。备用车二辆，车外皮间有爆裂，铺垫亦有伤损之处，拟将内外找补修理。小轮车十辆，其上用黄车内外围因有虫蛀伤损情形，拟一律更换新围。至红车四辆、蓝车四辆亦有损伤之处，拟找补修理。所有轮车布绒绳、油布均已残缺，自应另行更换。其臣苑应修筑打铁路，安设垫木及碰头木、桩木道、踏跺等工饬派厂商敬谨丈量勘估（注：后因资金无着落，而未能修复，小火车及铁路逐渐荒废）。"

在民国期间，国务总理，外交部长陆徵祥挈家眷移居静心斋。陆徵祥与其子居住镜清斋正殿，抱素书屋是办公之处，焙茶坞为秘书夏诒霆之所，罨画轩是其女儿与西教习霍甫斯德读书之所。陆徵祥在此居住期间曾写有《北海静心斋记》。

民国十三年（1924年）4月26日，梁启超、蒋百里、胡适等40余人在静心斋欢迎印度著名诗人泰戈尔，梁启超致欢迎词。

静心斋曾一度作为北海委员会会址。民国三十年（1941年）7月29日，公园整理委员会第11次临时会议决定："准北京陆军特务机关将静心斋现有各处房（镜清斋、沁泉廊、韵琴斋、罨画轩、焙茶坞）借与留日同学会使用。酌定年限其租金将来再议，一切修理由同学会自办，原有家具不借用。静心斋原系本园委员会会址，拟将委员会合并于董事会在画舫斋办公腾出静心斋。"

民国三十二年（1943年）《东亚联盟》月刊社也进驻斋内办公。北京档案馆档案载：民国三十四年（1945年）6月10日，"公园委员会举行第195次会议，关于献纳铜品一事，已将静心斋前铜炉3个和铜缸4个运去献纳"。

1949年，北平解放后，静心斋被北京图书馆占用。1951年3月文化部文物局通知北京图书馆，将东半部房屋29间，770平方米，移交中央文史研究馆使用。以后国务院在静心斋成立了"中央文史研究馆"，原名为"中央人民政府政务院文史研究馆"。1954年改为国务院文史研究馆，隶属国务院。首任馆长符定一，副馆长有叶恭绰、柳亚子、章士钊。之后，章士钊、杨东莼、叶圣陶、萧乾先后任馆长。馆员中有清朝翰林、进士和举人，有著名学者、专家、教授、作家和书画艺术家。在此期间，中央文史研究馆曾一度迁出，1967年迁回。1970年国务院参事室也来此办公。

1981年7月7日，中共中央书记处对首都建设方针提出"四项指示"中要求"加强北京市园林建设，以满足北京市广大群众的要求"。根据中央精神，经国务院领导批准，国务院机关事务管理局发出通知："要求国务院参事室、中央文史研究馆尽快腾出静心斋归还北海公园，迁往新址办公。"同年12月30日上午9时，在静心斋叠翠楼举行了隆重的交接仪式，由中央文史研究馆和国务院参事室向北海公园管理处交还静心斋全部用地和建筑文物。参加交接仪式的有国务院、国务院机关事务管理局、北京市政府、北京市园林局和原两使用单位、北海公园管理处的有关负责人以及部分新闻单位记者等共30多人。

1982年3月26日，北海公园管理处邀请部分北京市政协委员和建筑、文物、园林、考古等方面的专家、学者及部分新闻单位记者参加的座谈会，就静心斋收回后的开放、管理、保护问题听取各方意见。同年4月20日,北京市政府第16次办公会议讨论静心斋对外开放问题。会议强调静心斋是我国园林建筑中的精华,对外开放后首要问题是要组织好参观游览的群众,要千方百计保护好古建筑不受损伤。会议决定静心斋票价3角,外宾游览票5角。

北海公园在筹备静心斋对外开放前,修缮了园内古建筑和其他房屋,加固山石,添建厕所,改装暖气,增添树木花卉。从颐和园调拨一部分清代文物珍品,布置园内各殿堂。1982年5月12日,静心斋正式向中外游人开放。这座建成200多年从未对外开放的园林精品,终于展露其本来面貌,与广大游人见面。

静心斋爬山廊

西天梵境

　　大西天建于明代，原是大西天经厂，称大西天禅林。位于北海太液池北岸，西倚大圆镜智宝殿，东邻镜清斋，因琉璃山门额曰西天梵境，所以又称西天梵境，占地面积11 310平方米，建筑面积2 714.11平方米。清初，这里殿宇荒芜，乾隆十八年（1753年）开始在这里施工，建有琉璃门、山门、石经幢、钟鼓楼、旗杆、天王殿、大慈真如宝殿（明代所建）、游廊、琉璃宝塔等建筑。乾隆二十四年（1759年），进行重新修建，形成现在的格局。在清代，这里是皇室拜佛拈香的重要场所。院落为三进院，南北纵深，重叠有序，规则严整，殿阁高低错落，主次分明，整体建筑气势恢宏，地位显要。琉璃山门额曰"西天梵境"，民国时期曾改称为天王殿。

建筑布局

　　大西天山门外一座四柱七楼琉璃牌楼，这是重要寺庙建筑的向导和标记。牌楼上部为琉璃构件贴拼而成，正面额"华藏界"，是"莲花藏世界"的略称，据《华严经》称：它是释迦牟尼佛的法身毗卢遮那佛的佛国净土名。背面额"须弥春"，须弥是印度神话中的名山，也译称妙高山，是三世诸佛常说法处。

　　2000年7月25日，北海公园在华藏界牌楼前新安装一对石狮子。此石狮子按照1：1的比例仿制。原石狮存于圆明园，现在国家图书馆古籍馆门前的石狮子雕塑而成。石狮子由房山石窝园林古建公司承接加工，加工雕刻时间3个月，石狮基座高1.13米，狮身高1.53米，总高达2.66米，在北岸地区又增添了新的景观。

　　大西天山门由3座单独券门组成，门为城楼式建筑，飞檐垂背式楼顶，用黄、绿两色琉璃瓦搭盖，墙角及墙心嵌有琉璃角柱及花饰，墙面装饰有龙形图案。山门为红门金钉纵横九数，共81枚，在清代门钉不仅是装饰的构件，也是森严等级的体现，其数目的规定大有讲究。北海大西天山门是红门金钉纵横为九，显示了皇家寺庙最高等级。中间门内外台明上有汉白玉石栏板和望柱，台阶中间丹陛石为二龙戏珠浮雕，皇帝来此拜佛拈香进出经过此门，所以称"御道"。

大西天山门

　　山门内左右两侧各有四方形石座，上竖八角形石幢，左侧经幢位于大西天（西天梵境）前院天王殿前左侧，清乾隆二十四年（1759年）立。经幢总高9.20米，幢身高1.28米，幢身下须弥座1.60米。幢呈八角形，幢首为相轮宝顶，宝顶下为三层密檐，密檐下为三层浮雕坐佛像，每层佛像之间以莲花座相隔，三层佛像之下又有一层檐，檐下为幢身；幢身八面，环刻姚秦三藏法师鸠摩罗什译《金刚般若波罗蜜经》；幢身下为三重须弥座，上层束腰雕刻夔纹，中层雕刻卷草纹，下层雕刻山石花草。经幢下有一方形石台，台高0.50米，长、宽均为3.30米。

　　右面石经幢，在天王殿前右侧，乾隆二十四年（1759年）立。形制与天王殿前左面石经幢形制相同，惟幢身刻隋天竺三藏法师达摩笈多译《佛说药师如来本愿经》。

再左右为钟、鼓楼，皇帝来此拜佛拈香时鸣钟击鼓，显得十分庄严肃穆。正殿为天王殿，五开间，歇山绿琉璃瓦，黄剪边屋顶，殿内供奉四大天王像，威武凛然，分列两侧，造型优美，色彩斑斓，表情动人，极其传神。1993年原在承光殿内的黑玉佛移至天王殿供奉。

进中院为大慈真如宝殿，五开间，重檐庑殿，屋面覆黑琉璃瓦、黄剪边，正脊、垂脊、二吻兽均是黄色琉璃构件。整体建筑中的大木、斗拱、飞檐、连檐、望板全部采用贵如黄金的金丝楠木制作，不施彩绘，故称"楠木殿"。大慈真如宝殿整体建筑，古朴庄重，气势雄伟，庄重肃穆。台阶正中丹陛石为二龙戏珠浮雕，造型精美，月台四周汉白玉石栏板，望柱。垂带台阶上均装石栏板、望柱及

大西天内天王殿

抱鼓。两侧配殿各五间，歇山绿琉璃瓦屋面。

殿内匾额"恒河演乘"，殿内联曰："无住荫慈云，葱岭祇林开法界；真常扬慧日，鹫峰鹿苑在当前。"殿内北向联："日月轮高，沔七宝城如依舍卫；金银界净，涌千华相正现优昙。"

台阶正中丹陛石为二龙戏珠浮雕造型精美，月台四周汉白玉石栏板、望柱。殿内供奉三世佛，中为释迦牟尼、右为药师佛、左为阿弥陀佛。殿内原有两座铜塔，乾隆年间制作，做工精细，通高6.59米。原塔之洞内铜佛在民国期间，被军人盗去变卖。两座铜塔在日伪时期被日本侵略者强行"献纳"做枪炮，日本投降后被追回，但已残破不堪。

2008年复原大慈真如宝殿内铜塔工程由市金属工艺品厂承揽完成，共用铜12吨，耗资150余万元。每座铜塔塔高6.59米，塔内装饰佛像共有712尊，兽头280个，金雀铃56个。两座铜塔的复原归安再现了西天梵境大慈真如宝殿的完整性，提升了北海北岸景区的文化内涵和展陈水平。

乾隆年间，乾隆帝每年都来此拜佛拈香。每年十二月十四日至十六日，派喇嘛一百零八人，在西天梵境大慈

大西天铜塔

真如宝殿内念《十六罗汉经》《无量寿佛经》《大怖愩经》《四大护法经》；又在真谛门内大圆镜智宝殿中念经。这里成为皇家佛事活动的重要场所。1926年，军阀张宗昌曾为追悼直鲁联军阵亡将士在大西天天王殿内祈建盂兰盆会。"七七事变"前夕，国民党为追悼抗日阵亡将士在天王殿举行法会，场面十分可观。20世纪80年代，国际友谊博物馆筹备处在大慈真如宝殿内陈列展出国际友谊珍品六七百件，展品是从世界各国赠送我党政领导人和有关部门大量珍贵礼品中挑选的，其中大部分是具有较高价值的工艺美术品以及具有重要意义的纪念品。

1980年，大慈真如宝殿的大木、斗拱、椽望、装修全部修补后重新烫蜡。天花板按照原样重新做彩画。敷设电缆及安装室内外照明灯。复制大慈真如宝殿、天王殿、天王门（应为西天梵境）三块陡型匾额，共投资9.95万元，由园林局修建公司施工。

琉璃宝塔及铜塔

大西天内曾建有一座琉璃宝塔。乾隆十八年（1753年）八月十五日奏案："大西天后添建琉璃宝塔一座，业经绘画地盘图样恭请御览……今遵旨将琉璃坯片虽经堆土备办，其所需砖坯地丁灰斤石料，值此秋令亦当采买，所需银两请向广储司暂领银三万两，以备应用。其应拆殿宇房间，俟烫样奏准之后，令钦天

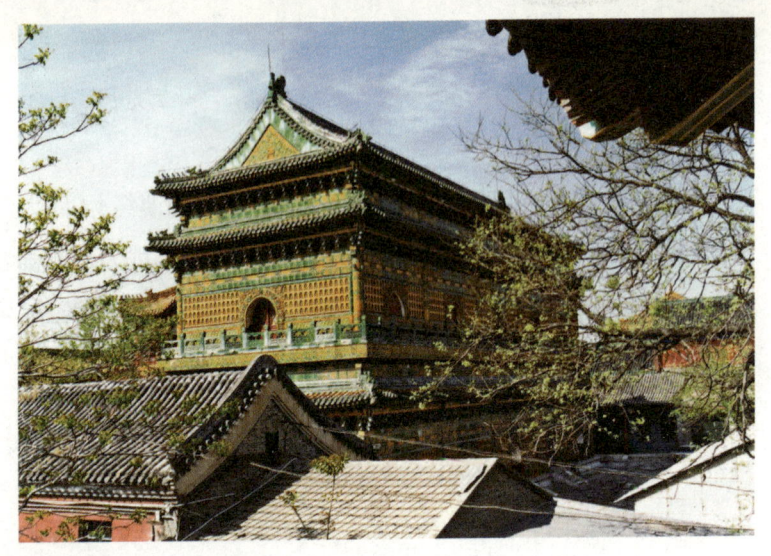

琉璃阁

监选择吉期，奏闻兴工拆卸是否之处，奴才等未敢擅便，伏候谕旨遵行。为此，谨奏请旨。"同年，十月十五日奉旨："将兔儿山去平，就近平垫洼处。其余剩土方八百七十余方，作为新建大西天琉璃宝塔筑打地基用。"

乾隆十九年（1754年）四月六日海望、三和、德保、四格遵旨：大西天新建琉璃宝塔一座，通高二十七丈七尺六寸，塔台八面。汉白玉石栏杆柱子六十堂，大小出水龙头五十六件，青白石须弥座高六尺。塔顶成做铜镀金宝顶，亮铁九霄，周围挂镀金铜索风铃。塔前新建重檐山门一座计三间，周围游廊七十八间，四角重檐亭四座。山门外安砌丹阶一道，两边添盖正房二座计六间，配房四座，计八间；粘修重檐大殿一座计五间；月台一座，改建两边歇山配殿二座，计十间；添建天王殿一座，计五间；两边看墙十二丈，琉璃门二座，青白石刹二座，钟鼓楼二座，旗杆二座；拆挪琉璃门三座，看墙四座；拆砌大墙六十三丈五尺，院墙二十八丈八尺，随墙门四座。并铺墁甬路、海墁散水以及油饰彩画裱糊等项工程。并各作匠夫工价共约需银七万二千十四两四钱五分六厘，共约估银四十三万八千五百三十七两四钱三分六厘。内除拆卸三大士殿、弥陀殿、配殿围房露顶十二座计七十六间，所拆得原件楠木四百四十六件，斗科一百十四攒，计小件楠木六百二十二件存贮外，将拆得旧松木、石料、砖瓦抵银一万一千六百四十四两九钱，净需银四十一万六千八百九十二两三钱五分六厘。仍请向广储司陆续支领应用，统俟工竣详细查销据实奏闻。再佛像、供器、龛案、陈设、欢门、幡帐另行烫样呈览。谨特约估银两分析细数另缮清摺，并恭呈御览。

乾隆二十一年（1756年）十二月二十二日奏案："大西天琉璃宝塔前添建八方碑亭二座，……所需工料通共约估银三万二千八百六十三两六钱六分七厘。"

乾隆二十三年（1758年）二月奏案："本年二月烧毁琉璃宝塔四层，殿宇楼座十七座计房一百二十一间，碑亭二座，碑碣二统。按例核算共值银三十万四千八百八十七两四钱九分三厘。再查琉璃宝塔烧毁后，其塔身所有木值、琉璃瓦料均损坏，其石料、砖块、铁料三项除去损耗，拆得堪用料件计值银三万二千七百七十五两二钱二分。"

乾隆二十三年（1758年）二月二十四日奏案："吉大人等奏，为琉璃塔火焚，奉旨宽免治罪谢恩事，奴才三和、吉庆、武福、四格谨奏，为叩谢天恩事，以琉璃塔火焚，宜将奴才等从重治罪。圣主殊恩，免予处分。又万寿山塔工程分别宜偿之项，亦予宽免，奴才等荷蒙圣主殊恩，除诸事竭能效命外，另无他辞。为此谨叩谢天恩。"乾隆曾作志过诗一首《御制镜清斋即目诗》："依依冷节过藏烟，咫尺寿皇展谒旋。景物虽凭有余慕，色空都幻若为缘。底须遂过修穿塔，拟向知非种福田（是处近大西天佛宇，向建报恩塔，近毁于火，因罢勿为，而有志过之作）。流水行云何住著，犁然澄动会当前。"

大慈真如宝殿内曾有两座铜塔，据《清内务府奏案》称：乾隆二十年（1755年）七月十三日"……遵旨大西天建造三层七重檐八方铜塔一座，通高二丈另六寸（6.59米），无量寿佛、须弥座、抚座、栏杆、塔顶等项花活并檐斗拱等活，俱拨腊铸造，塔身翻沙铸造。其佛像虎座，螺蛳安锭柱头、枋垫、桁条、小券门、露明处勾花大券门、勾头、滴水、挂檐板、俱凿做半踩地，花卉造成之时须弥座至七层檐均行烧古。其佛像、塔顶镀金。所需之金临期请旨动用。按例约需工料银九千三百九十五两另三分四厘，约需铜五万九千余斤，倭元一万斤"。

乾隆二十一年（1756年）七月二十三日奏案："大西天八方铜塔一座，约需铜六万九千余斤。领取过铸造铜殿处淘澄铜土溶化得杆头铜六万六千斤，行取过宝泉局倭元一万斤，陆续对得黄铜五万斤。现今铸得塔座一件、塔身三件、檐头一件，无量寿佛二百七十九尊，角科七十二攒，平身科六十攒，栏杆二十四扇。未铸得檐头六件，无量寿佛四百三十三尊，平身科二百二十八攒，栏杆八扇，挂檐板二十四扇，塔顶一件。现存未对杆头铜二万六千斤，按二八对，尚需倭元六千五百斤，请向广储司领取照拨给该监督，以便对铜铸造应用。"

乾隆二十二年（1757年）五月二十八日奏案："成造大西天三层七重檐八方铜塔一座，除已铸得活计成造外，现今应铸第六层、七层檐头二件，塔顶一件，栏杆八扇及万寿山后亭式庙佛塔二座，共约用铜一万四千余斤，除现存回收残铜五千八百余斤，不敷应用。尚需红铜四千斤、倭元四千斤，请于坛工用剩红铜内发给应用，其倭元仍由广储司应用可也。为此，谨奏。"

乾隆二十三年（1758年）八月初九日奏案："查大西天二次现存未用物料用拆卸塔身选存堪用物料，共值银十万七千一百三十二两四钱九分。"

乾隆二十四年（1759年）十二月十九日奏案："乾隆二十年（1755年）十月，遵旨成造大西天三层七重檐八方铜塔一座将做法钱粮按例约核数目具奏，奉旨知道了，钦此。钦遵当即交与员外郎海福等照依原估做法，敬谨铸造完竣，经奴才等逐细查验相符。但运送大西天大殿安供所需工运价，查原奏约需工料银九千三百九十五两，……实销银九千八百六十两二钱四分八厘。铜实用六万八千九百四十八斤。铜塔通高二丈六寸（6.59米），供佛七百十二尊，须弥座、底座、栏杆、塔顶等项花活并檐头斗科俱系拨蜡铸造，塔身翻砂铸造，其佛像底座、螺蛳定锭柱头、枋、垫、桁及小券门露明处，须弥座至塔顶均行烧古。"铜塔建成后，移入到大慈真如宝殿内三世佛前两侧。

民国十七年（1928年）十二月《调查北海天王殿前丹陛报告》中记："原大西天经厂内大慈真如宝殿内塑有四大金刚，殿后之塔全系刻佛像琉璃砖砌成，殿塔中间有小亭之一内为佛像及碑石刻,天王殿全用楠木建成,内陈贴金佛三尊,均在雕刻云纹汉白玉石座上。佛前设精制铜塔二,塔之洞内原遍置小铜佛,后被军人盗去变卖。"

1942年,日本发动的太平洋战争最激烈的时候,战略物资奇缺,为了战争需要,强迫进行"金属献纳",以支援日本的"大东亚圣战"。民国三十四年(1945年)大慈真如宝殿内两座铜塔为献铜被拆除。运至天津大王庄卜内门仓库,待运往日本。当铜塔运至天津塘沽时,正值日本战败投降,铜塔被遗弃在天津大王庄卜内门仓库。北京档案馆存《赴津运铜日志》:"民国三十五年(1946年)一月十七日,北海公园会同北平市政府、中南海、中山公园、故宫、历史博物馆等单位共派7人赴天津市政府洽办运铜,内有铜塔,二月二十八日运抵北平。"当时过磅约73 108公斤。铜塔运回后散置在殿前院内,"文化大革命"时按废铜处理。

楠木殿内陈设

据《清内务府陈设档》记载大慈真如宝殿供奉:"殿内中供铜胎释迦牟尼佛一尊。前供铜镀金无量寿佛三尊、梵铜琍玛观世音菩萨一尊、梵铜琍玛白救苦佛一尊、梵铜琍玛文殊菩萨一尊。左边供铜胎无量寿佛一尊、大利益铜玛同侍从文殊菩萨一尊。三出轩中供铜镀金无量寿佛三尊。左边供利益番铜文殊菩萨一尊、大利益番铜利玛绿救度佛母一尊。右边供利益新利玛白救度佛母一尊，利益新利玛绿救度佛母一尊。须弥座上供铜背光座紫金利玛无量寿佛三尊。左右安紫檀座铜掐丝珐琅瓶一对；朱油供案三张，上供楠木龛三座，每座内供铜胎无量寿佛九尊。左右供紫檀式龛二座，内供利益新造宏光显耀菩萨一尊。利益番铜利玛无量寿佛一尊，紫檀四方龛一座。内供铜胎无量寿佛一尊；紫檀嵌玉亭式龛一座，内供白玉阿弥陀佛一尊、青白卞尊者二尊；楠木色三屏峰龛三座，内供铜胎释迦牟尼佛三尊。左边供利益番铜利玛狮吼文殊观世音菩萨三尊。右边供利益番铜利玛文殊白救度佛母三尊。左右供紫檀重檐亭式龛四座，内供铜胎无量寿佛四尊、铜胎释迦牟尼佛一尊、铜胎观世音菩萨三尊。案前供紫檀亭式龛三座，柜中供铜胎站像救度佛一尊。左边供镀金绿救度佛母一尊。右边供银胎白救度佛母一尊。左右安铜塔二座。左边塔内供铜胎尚罗王佛七百十二尊。右边塔内供铜胎无量寿佛七百十二尊。……东次间供铜胎药师佛一尊；前供白檀木五屏峰龛一座，铜胎新释迦牟尼佛五尊；左边供紫檀小文雅龛一座，内供铜胎站像弥勒菩萨一尊；右边供紫檀小文雅龛一座，内供铜胎站像观世音菩萨一尊。

山出轩上供紫檀小文雅龛一座，内供利益新造站像绿救度佛母一尊。大利益梵铜玛站像大慈观世音菩萨一尊。右边供紫檀龛二座，内供利益番造文殊菩萨二尊。须弥座上供楠木龛三座，内供铜胎无量寿佛九尊、铜背光座紫金玛无量寿佛三尊。左边供紫檀嵌绿牙四方亭式龛一座，内供铜镀金背崐光座青玉无量寿佛一尊；紫檀亭式龛一座，内供铜胎无量寿佛一尊。右边供紫檀镶嵌六方龛一座，内供松石阿弥陀佛一尊；紫檀亭式龛一座，内供铜胎无量寿佛一尊。前供楠木色三屏峰龛三座，每座中供大利益噶克达木玛无量寿佛一尊、利益番铜玛白文殊菩萨一尊、大利益噶克达穆玛四臂观世音菩萨一尊。左边供利益梵铜玛吉祥玉如来佛一尊、利益番铜玛燃灯佛一尊、利益新玛燃灯佛一尊。右边供利益梵铜玛白衣救度佛母一尊、利益番铜玛堆翠金刚一尊、利益新造文殊菩萨一尊。左边供紫檀亭式龛一座，内供大利益番铜旧玛手持金刚一尊；紫檀五塔龛一座，内供青玉无量寿佛一尊。右边供紫檀亭式龛一座，内供利益番铜玛弥勒菩萨一尊；紫檀四方亭式龛一座，内供铜胎无量寿佛一尊、铜镀金佛三尊。左右安金丝缎扁幡二首；朱油供案三张，上供古铜錾花供器一份，随木贴金

大西天佛像

灵芝一对、样香一枝、样蜡一对；铜镀金曼达一件、镶嵌镀金铜轮二件、洋瓷瓶一对、卷胎供托一份、木贴金八吉祥一份、古铜嵌银海螺一对、立龙蓝地淡三色欢门扁幡一堂。案前供铜镀金镶足鼎炉一件、五色木塔一件、增胎擦擦无量寿佛五百八十四尊、木架挂铜钟一口。

西次间供铜胎阿弥陀佛一尊；前供白檀木五屏峰龛一座，内供铜胎新利玛阿弥陀佛一尊，铜胎新玛释迦牟尼佛四尊；左边供紫檀小文雅龛一座，内供大利益番铜玛水月观世音菩萨一尊。

三出轩上左边供紫檀文雅龛二座，内供大利益番铜旧玛手持金刚一尊、大利益番铜玛水月观世音菩萨一尊。右边供紫檀文雅龛二座，内供大利益番铜玛自在观世音菩萨一尊、利益番铜观世音菩萨一尊。须弥座上供：铜背光座紫金玛无量寿佛三尊；楠木色龛三座，每座内供铜胎无量寿佛九尊；楠木色小屏峰龛三座，中供利益番铜玛无量寿佛一尊、利益番铜玛绿衣救度佛母一尊、利益番铜玛白衣救度佛母一尊。左边供利益番铜王利玛无量寿佛一尊、大利益扎什玛观世音菩萨一尊、利益新造绿救度佛母一尊。右边供大利益新造无量寿佛一尊、大利益番铜旧玛无量寿佛二尊。左边供紫檀亭式龛一座，内供利益番铜玛绿救度佛母一尊，紫檀六方亭式龛一座，内供铜胎无量寿佛一尊、铜胎阿弥陀佛一尊。右边供紫檀亭式龛一座，内供大利益番铜旧玛金刚勇识菩萨一尊；紫檀亭式龛一座，内供铜胎释迦牟尼佛一尊。左右供楠木彩漆龛二座，内供铜胎无量寿佛二尊、铜镀金佛三尊、金丝缎扁幡挑杆一对；朱油供案三张，上供古铜錾花供器一份，随木贴金灵芝一对；香靠一件、样香一枝、样蜡一对、铜镀金曼达一件、洋瓷瓶一对、古铜嵌银海螺一对，卷胎供托一份，随木果铜梗叶；木贴金八吉祥一份、立龙蓝地淡三色欢门扁幡一堂。案前供铜镀金象足鼎一件；五彩木塔一座，内供察察无量寿佛五百八十四尊；木座挂鼓一面。东西供罗汉十八尊，四面供画像菩萨十八轴、画像佛三十八轴、画像佛八十一轴、挂灯四对。殿外月台上安朝冠耳三足铜鼎炉四件。

华严清界殿与佛亭

　　大西天内第三进院，由大慈真如宝殿后丹陛桥上登 13 步垂带台阶，即是华严清界殿。华严清界殿，三开间，歇山重檐，黄琉璃瓦绿剪边屋面。明间前后装菱花隔扇门各四扇，次间前后城砖乾摆坎墙，上装菱花推窗。两侧山墙城砖乾摆下肩，城砖砌墙身，外抹红麻刀灰。殿后是七佛塔亭，乾隆四十二年（1777 年）立。塔呈八角形，顶部为木质结构，有垂檐，檐下饰一斗二升麻叶头斗拱。塔身以木框分为八面，八面分别镶嵌七世佛像及清高宗弘历题《七佛塔碑记》刻石，每面刻石高 1.40 米，宽 0.64 米。八面石刻镶嵌的方向与次序如下：北向为满、汉、藏、蒙文《七佛塔碑记》，东北向为释迦牟尼佛像，东向为尸弃佛像，东南向为毗舍浮佛像，南向为拘留孙佛像，西南向为拘那含牟尼佛像，西向为伽叶佛像，西北向为毗婆尸佛像。塔身下为八角形石须弥座，上下枋雕行龙戏珠，上下枭刻八达马，束腰中部刻双狮戏珠，转角刻有力士。

塔亭北为琉璃阁，琉璃阁五开间，阁为两层。歇山绿琉璃瓦屋面，整个建筑为砖石砌成，砖拱。外墙全部用琉璃砖嵌成，龟背锦花纹下肩，墙身满嵌小型琉璃佛像，绿琉璃斗拱。二层琉璃平座，琉璃挂檐，平座上装绿琉璃栏板、望柱。首层、二层前后拱门各5个，共20个。两侧山墙拱门各1个，共4个，惟楼板、楼梯、门窗是木材制作。乾隆二十四年（1759年）十二月二十五日奏案："大西天修建三覆檐琉璃阁五间，重檐山门三间，方亭四座，周围游廊七十一间。重檐大殿五间，后檐成砌丹陛一道，大殿月台周围安砌汉白玉石栏板柱子九十堂。琉璃门外并山门前月台成砌琉璃花宇墙六道。北面成砌大墙二十丈六尺五寸（66.08米），间墙二道凑长五丈九尺四寸（19.01米）。旗杆二座，大殿内里成做楠木胎五彩宝塔二座，青白石佛座五分，塔座三分，月台上鼎炉石座四分，琉璃阁内佛座三分。"

原有华严清界两侧各有八间游廊，东西两端头是重檐攒尖方亭，两亭北各有游廊17间，廊子北头又有与南面相同的重檐攒尖方亭各1座，两亭之间仍有游廊21间，共计方亭四座，游廊71间，亭子和廊子都是灰筒瓦绿琉璃瓦剪边屋面，绿琉璃脊，亭为绿琉璃宝顶。游廊北面是狭长空院，最北头即邻街围墙。

1954年，北京市文物调查组由画舫斋搬至西天梵境院内。同年，10月26日北京市人委第三十二次联合办公会决定：将天王殿交市文化局文物组使用。同年 11 月 13 日市府联合办公会议同意文物组在天王殿后院琉璃阁西建仓库，准建房 28 间，使用期八年，期满产权归公园所有。并根据这一决定拆除华严清界及琉璃阁周围的四座重檐方亭和 71 间游廊，改建成 24 间卷棚、灰筒瓦屋面，带前廊的房子做临时性仓库。北面尚有续建的办公室、锅炉房等。至今，北京市文物局所属单位一直占用，未迁出。

1965 年，大慈真如宝殿、天王殿两个院落交还北海公园，经过小修，增加照相等设施，在院内开展活动，演出露天电影。华严清界院仍然被占用。

1966 年"文化大革命"期间，大慈真如宝殿内的三尊三世佛及石质须弥座神台被拆除，三尊佛像各重约 5 吨，拆除后运到工艺品进出口公司仓库，后由市文物工作队收回，1981 年运到戒台寺。

1979 年，大慈真如宝殿内东西山墙的须弥座神台，经市园林局同意拨给法源寺。随之检修东西两面山墙的柱子，补修地面。粉刷各殿及钟、鼓楼首层的内墙面，并由北岸锅炉房接通暖气管道，各殿及钟鼓楼均安装暖气。疏浚院内雨水口及雨水管道。铺装院内及山门外月台地面，天王殿及东西配殿做油饰彩画，投资 14 万元，由市房修二公司古建处施工。

大圆镜智宝殿 九龙壁

《日下旧闻考》载：西天梵境之西有琉璃墙，墙北为真谛门。门内为大圆镜智宝殿。殿内额"法界真常"，联曰："欢喜普人天，增五福德；庄严护龙象，现八吉祥。"殿后有亭曰"宝网云亭"，亭北及左右屋宇四十三楹，皆储西藏经板之所。

大圆镜智宝殿

乾隆二十年（1755年）五月十五日奏案："大西天琉璃宝塔西边添建宫门三间……西边添建罗汉堂一座，计三十三间，山门一座，计五间，配殿二座，计十间，重檐方亭一座，四面各显三间。后楼一座，计七间。转角楼二座，计十八间。成砌影壁、大墙、院墙。成塑佛像，堆做悬山龛案等项工程，约核工料银二十一万余两。拆买东西两边有碍地基旗民房三百四十九间，计银七千二百五十五两。以上共约核需银三十二万八千余两。"

乾隆二十一年（1756年）五月初三日内务府奏案："奴才三和、四格谨奏，为奏闻约估银两数目事。乾隆二十年五月十五日经奴才等案奏折：大西天东边添建殿宇房间，西边添建罗汉堂以及拆买民房等项工程约估工料银三十二万八千余两，因估计未得确数，先请办料银十万两，奏明向广储司支领应用等因具奏。奉旨：'知道了。钦此。'"

山门一座，名"真谛门"，面阔五间，进深三间，正面三间设门，出垂带踏跺。按例应为单檐歇山顶，布瓦剪边黄琉璃。山门两侧，还在院墙上开设有东、西角门各一座。大殿一座，名"大圆镜智宝殿"，面阔七间，进深三间，前后廊。正面一间设门，出垂带踏跺，无月台。

后院中央，原建重檐方亭一座，名"宝网云亭"，面阔、进深各三间。嘉庆初拆改为楼，称"后佛楼"，面阔五间，两层，出抱厦，故又名"抱厦楼"。后院沿墙在东、北、西三面建经板库房，共43间，皆前出廊，其中正房一座7间，转角房两座计36间。

大圆镜智宝殿内绘有龙精海怪，还有著名的佛像画家商喜绘制的20余幅佛像，左右立有文殊、普贤变相，各有三头六臂，每头三目，两臂合掌，另四臂擎莲花、火轮、剑柄、戟槊、日月轮等物。裸身穿虎皮裙，蛇缠胸腰，怒目互视威灵凛冽。殿内立一小台，台上有亭昆仑毗卢顶，亭下黄伞下，则是西天如来说法像，藏经楼内有《大藏金刚般若波罗蜜经》的经版，是中国印刷史上最有价值的"武英殿聚珍板"，底盘是铁梨木，活字的戳子是枣木，这是200多年前世界首创的满、汉、蒙、回四种文字的木质活字版。

同治元年（1862年）内务府《大西天佛像供器陈设档》记载的"大西天西所"建有真谛门，大圆镜智宝殿，东西二堂（配殿）、抱厦楼，基本保持了嘉庆年间的格局。光绪二十一年（1895年）二月二十一日奏案："大圆镜智宝殿前配殿内收存均系《斡珠尔经部录》内共计三十八种，先查出华严经六卷，计版一千五百九十七块，内短欠糟朽字句不齐。经版共一百三十九块。其余查经版三十七种，约计版三万三千余块部录杂乱。"

光绪二十四年（1898年）正月初一日奏案："恭修大圆镜智佛殿，浴兰杆、澄性堂各殿座及大西天改筑甬路工程，……前经估修之极乐世界佛殿工程……需工料银三十七万六千七百五十三两八钱。"光绪二十六年（1900年），八国联军入侵北京，居此地为兵站，活字版当作劈柴烧毁，画像、金佛、珠宝被洗劫一空，大圆镜智宝殿遭到抢劫和破坏。民国八年（1919年），除九龙壁而外，大圆镜智宝殿被军阀驻军不慎烧毁，整座建筑群全部被焚。

据《清内务府陈设档》记载在大圆镜智宝殿各殿堂内供奉佛像有：

真谛门增胎哼哈神二尊。

大圆镜智宝殿明间中供托沙胎毗卢佛一尊。前供铜镀金无量寿佛三尊；楠木三屏峰龛一座，内供利益番铜玛无量寿佛二尊、大利益番铜玛无量寿佛一尊。左右安铜轮一对，减胎香花菩萨二尊。前供铜胎喜金刚佛母一尊、铜胎阴体佛母二尊；紫檀雕刻三屏峰龛一座，内供铜胎吉祥天母一尊、铜胎雅满达嘎佛一尊、铜胎尚罗王佛一尊；紫檀雕刻三屏峰龛一座，内供松石成寿佛一尊、松石救度佛母二尊、红雕漆香筒一对；朱油供桌一张，上供利益番造铜胎佛一尊、利益番造铜胎文殊菩萨二尊、利益番造铜胎狮吼观世音菩萨二尊。前供紫檀嵌玉西洋亭式龛一座，内供青玉弥勒佛一尊、青玉尊者二尊。左边供利益新造阿弥陀佛一尊、利益新造保生佛一尊、利益新造成就佛一尊、利益新造不动佛一尊、利益新造毗卢佛一尊。右边供利益新造释迦牟尼佛二尊、利益新造药师佛一尊、利益新造弥勒佛二尊、铜胎佛三尊、锦边黄心"法界真常"匾一面。

东次间供托沙胎阿弥陀佛一尊。前供楠木三屏峰龛一座，内供大利益番铜玛无量寿佛一尊、大利益番铜旧玛绿救度佛母一尊、利益番铜玛无量寿佛一尊、铜胎阴体佛三尊。左右安小铜塔一对、减胎香花菩萨二尊，前中供铜镀金紫檀镶嵌五塔龛一座、内供铜胎无量寿佛一尊。左边供金漆嵌玉六方龛一座，内供青玉无量寿佛一尊；紫檀五塔龛一座，内供铜胎无量寿佛一尊。右边供金漆嵌玉六方龛一座，内供青玉阿弥陀佛一尊；紫檀五塔龛一座，内供青玉无量寿佛一尊、紫檀嵌玉香筒亭一对；红油供案一张，上供紫檀嵌玉六方龛一座，龛内供青玉无量寿佛一尊；紫檀亭式龛一座，内供青玉旃檀佛一尊。左边供利益新造无量寿佛五尊。右边供利益新造无量寿佛五尊，银錽金塔二座。

东稍间陈设托沙胎不动佛一尊。前供楠木三屏峰龛一座，内供利益新玛无量寿佛一尊。利益新玛白救度母佛二尊。左右供小铜塔一对，减胎香花菩萨二尊。前中供楠木五塔龛三座，内供铜胎吉祥天母九尊、铜胎救度母佛九尊、铜胎无量寿佛九尊；紫檀嵌玉六方龛一座、内供青玉无量寿佛一尊。左边供紫檀嵌绿牙六方龛一座，内供定瓷观世音菩萨一尊；紫檀嵌绿牙六方龛一座，内供利益新造铜胎释迦牟尼佛一尊；紫檀文雅龛一座，内供铜胎无量寿佛一尊，右边供紫檀嵌绿牙六方龛一座，内供利益新造铜胎观世音菩萨一尊；紫檀嵌绿牙六方龛一座，内供利益新造铜胎文殊菩萨一尊。紫檀文雅龛一座，内供铜胎无量寿佛一尊、青玉玲珑香筒一对；朱油供案一张，上安紫檀嵌玉六方龛一座，内供青玉阿弥陀佛一尊、青玉尊者二尊、亭式样紫檀嵌玉四方龛一座，内供青玉无量寿佛一尊。左边供利益新造白救度母佛一尊、利益新造绿救度佛母二尊、利益新造四臂观世音菩萨二尊。右边供利益新造无量寿佛五尊。

西次间陈设托沙胎宝胜佛一尊。前供楠木三屏峰龛一座，上供大利益番铜旧玛无量寿佛一尊、利益新造文殊菩萨一尊、利益新造绿救度母佛一尊。左右安小铜塔一对、减胎香花菩萨二尊。前中供；铜胎阴体佛母二尊、紫檀镶嵌绿牙铜镀金五塔龛一座，内共青玉无量寿佛一尊。左边供金漆西洋亭式龛一座，青玉阿弥陀佛一尊、青玉尊者二尊；紫檀四方亭式龛一座，内青玉无量寿佛一尊；紫檀嵌玉六方龛一座，内供青玉接引佛一尊。右边供金漆六方龛一座，内供青玉弥勒佛一尊；紫檀嵌玉四方龛一座，内供玉石无量寿佛一尊；紫檀嵌玉八方龛一座，内供青玉阿弥陀佛一尊、紫檀嵌玉香筒一对；朱油供案一张，上供紫檀镶嵌六方龛一座，内供青玉阿弥陀佛一尊；紫檀嵌玉六方龛一座，内供银背光座白玉无量寿佛一尊。左边供利益新造无量寿佛四尊、大利益扎什玛无量寿佛一尊。右边供利益新造无量寿佛五尊。

西稍间陈设托沙胎成就佛一尊。前供楠木三屏龛一座，上供利益新玛无量寿佛一尊、利益新玛白救度佛母一尊、大利益番铜玛白救度佛母一尊。左右安小铜塔一对、减胎香菩萨二尊。前供楠木龛三座，内供铜胎无量寿佛二十七尊；紫檀嵌绿牙六方龛一座，内供铜胎无量寿佛一尊。左边供青玉无量寿佛一尊；紫檀嵌绿牙六方龛一座，内供青玉释迦牟尼佛一尊。紫檀文雅龛一座，内供青玉无量寿佛一尊。右边供紫檀方六龛一座，内供青玉如来佛一尊；紫檀镶嵌六方龛一座，内供白玉释迦牟尼佛一尊；紫檀六方龛一座，内供青玉阿弥陀佛一尊，紫檀嵌玉香筒一对。朱油供桌一张，上供紫檀嵌玉西洋亭式龛一座，内供白玉阿弥陀佛一尊；紫檀镶嵌葫芦龛一座，内供利益新造铜胎无量寿佛一尊。左边供利益番铜玛四臂观世音菩萨一尊、利益番铜白救度佛母一尊、利益新造金刚勇识菩萨一尊、利益新造文殊菩萨一尊。右边供利益新造无量寿佛五尊。照背挂画像十六轴，挂灯三对，画像菩萨十四轴。东西堂内供减胎供养菩萨八尊。

抱厦楼内供铜胎无量寿佛一尊。

楼下面南安紫檀嵌楠木三屏峰一座，随足踏紫檀宝座椅一张，黄缎绣花靠背坐褥二件。紫檀嵌玉三块如意一柄，红雕漆痰盆一件，绿玻璃炉瓶盒一份，紫檀香几一对，霁红木瓜瓷盘一件，绿彰绒拉古里一件，纸绢挂对一副。左右安紫檀杆座鸾翎宫扇一对，紫檀座铜掐丝珐琅火盆一对。

西里间陈设宝座床一张，上铺蓝缎花卉迎手靠背坐褥一份、紫檀嵌玉三块如意一柄、南漆痰盆一件、蓝缎绣花拉古里一件。西墙安红木供桌一张，上安利益鋄银胎宗噶巴佛一尊、哈达一件、铜镀金镶嵌塔二座、鋄银珐琅供器一份、五彩铜灵芝一对、紫檀椅子四张、画像班禅额尔德尼一轴。

楼上明间面南安紫檀几腿案二张，上供紫檀四方亭式龛一座，内供大利益扎什玛弥勒佛一尊；紫檀三屏峰龛一座，内供大利益番铜旧玛释迦牟尼佛一尊、大利益番铜唐玛毗卢佛一尊、大利益番铜旧玛四臂观世音菩萨一尊、大利益桑唐玛观世音菩萨一尊、铜镀金珐琅五供一份、铜镀金嵌银里海螺一对、玻璃罩紫檀座铜镀金嵌八吉祥一份、玻璃罩紫檀座铜镀金嵌七珍一份。

东次间陈设紫檀供案二张，上供紫檀龛玻璃门青玉观世音菩萨一尊、铜镀金镶嵌塔二座，银包镶塔二座。

西次间陈设紫檀供桌一张，上供铜胎无量寿佛九尊。北墙安画像佛九轴。门左右挂画像四天王四轴。门上挂六字真言二轴。

九龙壁

九龙壁建于清乾隆二十一年（1756年），它是一座精美的琉璃建筑，原是大圆镜智宝殿门前"真谛门"外的一座照壁，高5.96米，长25.52米，厚1.60米，壁顶为庑殿式，全壁用424块彩色琉璃砖镶嵌而成。

乾隆二十一年（1756年）十二月二十一日奏案："大西天门前添建四柱七楼琉璃牌楼一座，罗汉堂前添建琉璃九龙影壁一座。通面宽八丈，高一丈二尺，厚五尺五寸。须弥座摆砌绿色琉璃花砖，上身五色琉璃行坐九龙江洋海水，头停调五色玲珑大脊垂脊瓦七样，绿边黄心琉璃脊瓦料，共约估银三万三千四百九十两一钱三分一厘。请向广储司支领应用，于现今采办物料，烧造琉璃瓦片，以备明春兴修。"

九龙壁两面各有蟠龙九条，有的仰首向上，有的俯视往下，龙身扭曲，张牙舞爪，前后呼应，飞腾戏珠于波涛骇浪之中，蜿蜒天矫，姿态各异，栩栩如生，造型生动，组成一幅绚丽多彩的蛟龙闹海的画面。在皇家建筑里，龙作为皇帝的代表形象，占有着绝对统治地位。九龙以黄色龙为中心，按五行学说，黄为土之色，土居正中，是至尊之色，所以黄龙安排在正中是正面形象，左右各有四条蓝、白、紫、黄的行龙，均为侧面。张口引颈追逐宝珠，上下跳跃翻腾，姿态各异，无一雷同。又有突起的礁石形如峭壁，将九条龙划为五组，体现了九五之尊，是皇权至上的象征。有诗云："九龙盘拿戏骊珠，云雾冥冥屑气孤。恍惚申光来破壁，半空飞出所翁图。"在壁东侧为旭日东升、江崖海水流云图案。壁西侧为明月当空、江崖海水流云图案，预示东迎日出，西告月起。全壁檐头、滴水壁、正脊、岔脊、勾头线砖等处都是形态各异的龙。

光绪二十六（1900年），八国联军入侵北京时，大圆镜智宝殿被毁，唯有九龙壁劫后犹存。

民国八年（1919年）大圆镜智宝殿又遭受一次火灾，而九龙壁仍然完整无损。

1973年，对九龙壁进行过一次比较全面的修葺，对壁身风化或损伤的琉璃砖、琉璃龙首、爪、鳞等420多处进行修补添配和粘接，壁顶上的琉璃瓦件添配整齐，周围做散水、铺装地面。24块预制七彩琉璃砖镶嵌而成，壁顶为庑殿式，壁身前后共有龙18条，加上正脊、岔脊、滴水、勾头、线砖等处共有龙635条。

北海九龙壁历经沧桑，又经历了多次地震及自然灾害的考验，至今仍然色泽鲜艳，依然屹立在这里。

北海九龙壁是我国古代琉璃建筑艺术的精华，是乾隆时期琉璃雕刻艺术的优秀代表作品。北海九龙壁是中外游客喜爱的一处

北海九龙壁

重要景点。

　　仿膳在太液池北岸，背依土山，再北即九龙壁。占地面积2 052平方米，建筑面积379.87平方米。该处原来分东西两个院子。东院有北房三间，西房二间；西院有南房和北房各五间，西房二间。因为这个院子西边有浴兰轩，阐福寺，清代帝后们到阐福寺拈香前，先到浴兰轩内休息、沐浴、更衣。也有时拈香后在浴兰轩用膳，这里曾是烹制御膳的膳房。

　　民国十四年（1925年）北海公园开放后，此房租给商人赵仁斋开设仿膳茶点社。次年，商人呈报北海公园事务所批准，在前客厅院（东院）建铅铁棚一座。尔后，又在西院添建铅铁棚，在西院后边添建厨房。1954年，商人呈请歇业。1955年，为恢复风味食品，北海管理处在原址筹建仿膳饭庄，特请原来在清宫御膳房工作过的四位老厨师，恢复清宫冷热点豌豆黄、芸豆卷、小点心、肉末烧饼及各种菜肴。1959年，因房屋狭小破旧不能适应招待外宾的要求，仿膳饭庄迁至漪澜堂、道宁斋。原址改为大众餐厅，一直经营到1971年北海公园闭园。1973年，因房屋破旧，房间狭窄，拆除旧房及天棚基址，翻建成"工"字形建筑，前边九开间为餐厅，中间为主食、菜肴厨房，后连九间为锅炉房、管理房、仓库、冷库、卫生间及休息室等。东边还建有塑料大棚一座。1978年北海公园重新开放，这里改称北海餐厅，由于业务量大，厨房和冷库都不敷应用，于1980年扩建厨房，添建冷库。1985年接通下水道，将原来流入湖内的污水，改为排到公园外的市政下水道内。1986年接通管道煤气，撤销了液化石油气大罐。1988年添建西院西房。1990年北海餐厅进行全面翻建，拆除原

九龙壁中间黄龙

北海仿膳

快餐厅大棚，建南餐厅、东餐厅、冷库及上下水改线。翻建面积为429.64平方米，投资53万元。改建后的北海餐厅改名为御膳饭庄，可经营满汉全席。门前匾额为著名书法家爱新觉罗·溥杰所书写。1991年饭庄周围环境也作了改善，补植树木草坪，改造堆叠假山石。1992年经北京市饮食服务总公司批准，御膳饭庄晋升为一级餐馆。2014年1月御膳饭庄因故停业。2016年4月仿膳饭庄由琼岛漪澜堂迁入北海北岸。

澄观堂　浴兰轩　快雪堂

澄观堂、浴兰轩及快雪堂在北海太液池北岸，阐福寺东侧。分别建于乾隆十一年（1746年）和乾隆四十四年（1779）年。占地面积4 141平方米，建筑面积1 486.84平方米。

澄观堂曾是明代太素殿旁的一处太监值班室。整个建筑随山就势而建,正门为重檐垂花门,歇山顶,两侧建有抄手回廊,与后院连通。一进院正殿为澄观堂,五开间,歇山屋面。堂内联曰"娱目引清机,烟霏林秀;会心得佳趣,月印波澄""澹怀凭有照,妙理契无为""青末了时山障合,白出生处月窗虚"。

1900年八国联军中的日、法、沙俄三国侵略军的司令部设立在澄观堂。

二进院正殿为浴兰轩,五开间,硬山灰筒瓦屋面,殿前两侧有青白石花台。乾隆帝到阐福寺拈香、拜佛时,这里是沐浴、更衣、用膳、休憩的地方。有联曰:"云移峰影天常静,风皱波纹水不知。"东西有配殿。

乾隆十一年(1746年)八月奏案:"新建阐福寺殿宇,房屋……

澄观堂院垂花门

东所（指澄观堂院）新建重檐垂花门一座，正殿一座，游廊五座，耳房二座。又添盖后殿五间，配殿六间，游廊四座，耳房二间。"

三进院为快雪堂，五开间，建于乾隆四十四年（1779年），为建快雪堂将浴兰轩墙后土山刨平，建筑为楠木结构，古朴典雅，修建此院落，并命名为"快雪堂"。

乾隆四十四年（1779年）十月二十六日奏案："浴兰轩殿后添建楠木殿一座，两边（各）接游廊十间，后檐墙上嵌快雪堂墨刻四十八块，并将浴兰轩殿东次间后金（柱间）开隔扇。院内添堆石壁二座。烫样恭呈御览。奉旨照样准做，石壁著交姚良办大块好黄石堆做，留树窝栽种松树。"楠木殿两山添盖净房二间。

《快雪时晴帖》书法石刻

乾隆为收藏书法家王羲之《快雪时晴帖》和晋代至元代20位书法家的81篇48方石刻，建快雪堂。法帖真迹原藏在宋代米芾家中，元代流入皇宫。米芾，字元章，号鹿门居士，又号海岳外史，历官礼部员外郎、知淮阳军，世称"米南宫"，书法极精，与苏轼、黄庭坚、蔡襄并称"宋代四大家"，画以山水为长。明代这批墨迹为书法家王有谷所得，后又辗转入南京祭酒冯开之手，冯在西湖孤山上建藏帖处，取名"快雪堂"，并著《快雪集》64卷。明朝末年，大学士冯铨得到《快雪时晴帖》（有人认为此帖为唐

快雪堂

代摹本），冯又辑选晋代至元代 20 位书法名家的 80 篇墨迹与王羲之的《快雪时晴帖》共 81 篇，由当时的篆刻名家刘光旸摹刻上石。康熙年间，冯铨的后代将石刻典入当铺。后由易州知府黄可润用巨款将石刻买回，运回福州老家。黄死后，子孙因生活无济，又卖给了福建总督杨景素。杨将石刻运至北京呈进乾隆。因原石刻版长短宽窄不一，其中有木刻 3 块，因此，乾隆帝又命内务府高手摹刻上石，将石刻镶嵌于快雪堂两侧廊内墙壁上，其木刻版存放在堂中。每块石刻长 1 米，宽 0.33 米，厚 0.10 米，东西两侧各镶 24 块，排列顺序为：东侧廊南端起，至廊北端；再接西侧廊北端，至廊南端终。

由于快雪堂内 48 方石刻原帖真迹已辗转不全，这套石刻便成了完整书法艺术珍品。乾隆特作《快雪堂记》一篇，其中说："夫快雪堂之建，因石刻，非因雪。"

在快雪堂院内有两块巨石，石高5米，挺拔峻峭，巍峨壮观，是乾隆四十四年建快雪堂时所立。因这两块石头像翻腾涌起的浮云，因而乾隆皇帝在较大一块石头的阳面御笔题名"云起"二字，并在背面上镌刻《云起峰歌》一首，诗中曰："移石动云根，植石看云起。石实云之主，云以石为侣。瀚瀚蔚蔚出窍间，云固忙矣石乃闲。云以无心为离合，石以无心为出纳。出纳付不知，离合涉有为。因悟贾岛句，不及王维诗。——辛丑新正上浣御笔。"据清代《荞吉斋丛录》记载，这两块巨大的云起石"盖自房山辇至者"，说明此两块石头产自北京房山区，而不是太湖石，它是北京的名石之一。

院内建筑至今还保留乾隆年间彩绘，彩画是清代宫廷建筑中一种建筑装饰艺术，在北海园林建筑上普遍采用彩绘装饰，使建筑物更增添了华丽、神秘的色彩，并突出了皇权等级思想。彩画一般绘制在木构建筑的梁、枋、檩、柱头、斗、天花等上架露明的部位，有时也出现在柱身、橡身上。北海澄观堂、浴兰轩内的彩画为金线方心式苏画，老檐彩画为包袱彩画，包袱为沥粉贴金的卷草纹。浴兰轩游廊方心中绘"寿山福海""金瓜"，整个彩画保存完好。这批彩画经专家鉴定为乾隆年间的中期所绘，距今已有260多年，这些彩画具有较高的文物价值。

梁启超与松坡图书馆

民国十一年（1922年）9月8日，蔡锷的老师梁启超写信给国民政府拟请于北海内指定地点官屋拨充图书馆之用。在信中写道："陆军上将蔡锷于帝制一役，躬冒万难，首义滇中率以兵谏积劳故，大局粗安，而长城据殒，启超等追念前勋曾于民国六年提议建立图书馆，以资纪念。濒年以来虽以大局之变故纷乘而陆续所募之捐款已得数万金，所集图书以及数万册，欲就此基础形

浴兰轩

成，先行草创然后徐图扩充。大总统复位之始，即有开放北海作为公园之令，查公园为公共娱乐之地方，图书馆为群众教育之基础，而纪念前勋尤足以资，国民之观感公益事业虽多性质之相宜莫逾，为此合词，拟请于北海内指定地点官房拨充图书馆之用，以资提倡。"大总统（黎元洪）于十月六日准："拨北海官房作为图书馆之用。"经总统黎元洪批准在澄观堂院建立"松坡图书馆"。为纪念蔡锷，快雪堂被辟为蔡公祠，并悬梁启超所题"蔡公祠"匾。祠正中供奉蔡公锷神位，右供吴传声、张承礼、熊其勋、汤叡之神位。左供戴戡、谭学夔、王广龄。堂中置木龛二，护以玻璃，中置蔡锷生前手札、勋章及日常所用手泽，以垂纪念。松坡图书馆于每年12月25日（云南起义纪念日）举行大祭活动，逢蔡锷等人忌日，馆内亦举行祭祀悼念活动。

民国十二年（1923年）三月二日，国民政府将快雪堂两廊石刻加造护栏便于保护，并派人将所属房屋、树木，逐一踏勘并绘详图造册移交。

梁启超自提出创办松坡图书馆起，便将从欧洲考察带回1万册图书和上海"松社"的图书搬运到京。后来，北洋政府又调拨所购杨守敬的2.4万册藏书充实馆藏，捐赠的图书已有29 212册。这些图书便构成了松坡图书馆的基本馆藏。

在筹备松坡图书馆过程中，馆内部分家具、陈设等物均由私人捐赠。梁启超任馆长，澄观堂为阅览室，浴兰轩为藏书室。民国十二年（1923年）十一月四日，在澄观堂举行松坡图书馆成立大会，当时许多著名人士曾来此活动，其中有孙中山、黄兴、梁启超、徐世昌、曹锟、胡适、熊希龄和印度诗人泰戈尔等。

图书馆成立时，由于书籍未整理编目，北海还未对外开放，苑内驻扎部队，因此松坡图书馆没有正式对外开放。1925年8月1日，北海辟为公园对外开放，同年，10月1日，图书馆正式开放。松坡图书馆因为设在公园以内，进门需要购买门票，所以读者并不多。但也因此吸引了一些喜好幽静的学者来这里从事研究和写作，他们也是松坡图书馆最主要的读者。期间图书馆还出版了两部书籍即：《曾胡治兵语录》和《松坡军中遗墨》。民国十七年（1928年）馆长梁启超去世后，馆长一职不再设立，而由干事中公推7名常务干事，从中再推一名主任，共同负责馆内事务。松坡图书馆经费来源来自社会各界捐款基金，经常入不敷出。民国十八年（1929年）经呈报政府将西单石虎胡同第二馆馆址卖给蒙藏学校。以所得房价作为基金和购书费，两馆并为快雪堂一处，自此松坡图书馆只有北海一处。至民国二十八年（1939年）已有藏书38 099册。

1949年后松坡图书馆房屋及所藏书籍由北京图书馆接收，馆内所藏蔡锷等人有关文物由中国革命博物馆接收。

1987年12月30日，北京图书馆将澄观堂院全部移交北海公园。移交范围有澄观堂、浴兰轩、快雪堂全部古建筑及新建房屋，"快雪时晴帖"等石刻48方，全部殿堂陈设文物、院内假山石、构筑物及电话、电表等。

1988年进行全面大修，对澄观堂、浴兰轩、快雪堂、配房、耳房、垂花门等建筑进行坎墙见新；铺装地面，油饰彩画，部分建筑挑

澄观堂

顶屋面。因原有彩画做法都是清代中期做法，虽然糟旧但仍有保留价值，大部予以保留，重新彩画部分也是先把旧彩画摹画或照相，起谱子，经检验后重新彩画，贴金采用二色金做法。共投资160万元，由市园林局园林古建公司施工。

1992年11月19日，"快雪堂书法博物馆"筹备完毕。馆内收藏有乾隆年间镶嵌的48方晋代书法石刻，其中以王羲之的"快雪时晴帖"最为有名。前殿澄观堂和中院浴兰轩及东西配殿主要布置"文房四宝"，展示笔、墨、纸、砚的发明、制作过程，使游人对"文房四宝"有一定了解，以提高和激发其爱好。快雪堂殿内展示园内收藏的名人字画，门票2元。

元代遗物铁影壁

在澄观堂前西侧有一座影壁,为元代遗物。它是用中性火山岩块砾雕凿成的,颜色和质感很像铸铁,因此都称它铁影壁。

铁影壁檐口长 3.56 米,高 1.89 米,建筑面积 3.16 平方米。上覆单檐歇山式的屋顶,雕刻出屋脊、瓦陇以及勾头、滴水,所表现的屋顶形式十分逼真。影壁前后各刻一巨兽,前面所刻的是一雌性狻猊,栖息在山林之中,周围刻出山石和树木,在狻猊前后和腹下有三只小狻猊跟着玩耍,形象非常生动。影壁的背后刻的也是一只狻猊,姿态更加雄健,应是一只雄性狻猊。

壁身下部雕出一排展翅飞腾的天马,相互连接成一组花边装饰图案,雕刻技法粗犷生动。

铁影壁正面　　　　　　　　铁影壁背面

铁影壁原是元代健德门（今德胜门外土城关豁口）内一座古刹前的照壁。明初修筑北京城时，将元大都的北城墙向南缩减3公里，因此铁影壁被遗弃郊外，以后被人移到德胜门内护国德胜庵前。因为有了铁影壁之故，嗣后德胜庵所在的街巷被当地人们称作铁影壁胡同。由于年代久远和风雨侵蚀，影壁逐渐倾斜，随时有倒地的危险。民国三十七年（1948年）四月五日，行政院北平文物整理委员会工程处致函北海公园事务所："案查铁影壁移建工程，前经招工承揽函承贵园协助一切，至纫公谊，兹已竣工验收，相应函达查照，并希转饬随时照护，以维文物为荷，此致北海公园理事会。处长何思源。"随函附《铁影壁说明》："铁影壁为燕京文物之一，历史悠久，其色深褐，类似铁矿石，故因得此名。宽度十二尺（4米），高六尺（2米），前后俱雕异兽，法式古朴，刻工秀劲，据传为元代作品，至明永乐建城时，始移至德胜门内铸钟厂（即今护国德胜庵前），以压不祥。因受烟火及风雨侵蚀，年久生锈无人照护，且全部倾斜，势将颓毁，又以僻处城隅，亦难供大众欣赏。民国三十六年（1947年）冬，北平文物整理委员会，特商请本园保管，移建此处，以增诗画意，兼待金石家有所鉴定焉。"

　　铁影壁当时的须弥座并不完整，只有上枭，而束腰、下枭是当时北海公园事务所提供的大圆镜智宝殿院内拆除三藏塔之耐火缸砖，外抹水泥砌筑的底座。而铁影壁原底座还遗落在铁影壁胡同，多年来没有被人发现。直到1981年《北京晚报》编辑部转给公园的一封人民来信，才为找寻铁影壁底座提供了重要线索。

此信是北京市西城区鼓楼西大街铁影壁胡同1号居民刘德福写给《北京晚报》编辑部的，信中谈及铁影壁当年移出此地的具体时间、地点并提供现铁影壁胡同还遗留着原铁影壁的底座，埋在地下约三尺处。根据这一线索，公园立即派人前去采访调查，了解情况，进行实地勘察，并请文物考古专家认定证实确是当年移置铁影壁的旧址，决定将底座移置北海公园与铁影壁配套整齐。

1986年，公园工程队在铁影壁胡同挖掘出铁影壁基座，在挖掘中为保护文物古迹的完整不受损伤，工程队拆掉居民住房，刨开马路，几经周折将基座运至北海。由于年久风化基座部分破损，为此公园特请技术精湛石工将其配齐，重新进行安装。又在铁影壁周围铺装地面添置保护栏杆，使这座历经元、明、清几个朝代的雕刻艺术珍品终于返璞归真。

关于铁影壁的真实成分，经过有关专家鉴定，并非为铁质，实是中性火山岩块，只是颜色似铁。

铁影壁和地安门的金门墩、沙滩的银闸、新街口北的铜井、太液池北岸的锡殿，共称北京的金银铜铁锡五大古迹，只有这座铁影壁保存至今。它和团城上的渎山大玉海，都是北海现存的元代重要文物、珍贵的雕刻艺术品。

1991年，为更便于保管和方便游人观赏，将铁影壁由澄观堂门前移至澄观堂西侧。

五龙亭

　　五龙亭位于北海太液池西北隅,建于明嘉靖朝(1522—1566年),与阐福寺相对。清高士奇著《金鳌退食笔记》载:"五龙亭,旧为太素殿,建于明天顺年。在太液池西北向,殿后有草亭,画松竹梅于上,曰岁寒门。左右有轩曰临水、远趣,轩前有草亭曰会景。"明嘉靖年建五亭,中为龙泽亭,左为澄祥亭,右为涌瑞亭,

五龙亭

又左为滋香亭，又右为浮翠亭。五龙亭后"有石坊福渚，北为寿岳，中有锡殿，以锡为之，不施砖甓，五龙亭后与阐福寺山门相对，曾有一座牌楼，南向额曰"性海"，北向额曰"福田"。

正德十年（1515年）七月，重修太素殿，殿旧规垩饰茅顶，名实相符。新殿极华侈，凡用银20余万两，役军匠3 000余人，岁支工米13 000余石，盐34 000余斤，池浮费及续添工程不在此数。

《明宫史·金集》："河干有亭五，中曰龙泽，左曰澄祥，右曰涌瑞，又左曰滋香，又右曰浮翠，总谓之五龙亭也。又洞三，上曰龙寿、中曰玉华，下曰游仙，以上俱万历三十年（1602年）秋添。其三洞至天启元年（1621年）冬拆。"

五龙亭建筑精美，四角攒尖顶，龙泽亭为重檐圆顶，上圆下

龙泽亭

方,寓意为:天圆地方。其他四亭均为方顶。龙泽亭内顶部安放有皇权特征的藻井,顶端一条巨龙盘卧,俯首下视,别有威严之感。圆形藻井四周八条飞龙组成龙环,群龙全身为金色,再外围是由两圈蓝绿色彩绘团龙图案的数十个小藻井组成,与中间黄龙形成强烈的色彩对比,突出了金碧辉煌的气派。再外围是数块垂直栏板,由金色的奔龙缭绕,组成适合纹样。五座亭之间,汉白玉围栏山桥相连,曲折跨水,如蛟龙浮动,这里原是明清皇室消暑纳凉、钓鱼及观看焰火之地。

《金鳌退食笔记》载:"每到盛夏,太皇太后避暑于此。皇上(康熙)听政后,辄驾小舟问安或侍膳亭上,四面荷香,微风清暑。"清档案记载:"康熙二十一年(1628年)六月七日,太皇太后(孝庄文皇后)移驻五龙亭避暑。六月十四日至七月二十二日皇上十数次诣五龙亭,请太皇太后安。皇上率皇太子诣五龙亭,请太皇太后安,随送太皇太后回慈宁宫。"

《金鳌退食笔记》载:康熙二十二年(1683年)元月一日,"元夜,于五龙亭前施放烟火,供京师人民观看。时佘(高士奇)已退值,命侍卫那尔泰、海清,至佘私寓,召之亭前,赐饮选馔坐视。坐观星毬万道,火树千重,金轮宝焰,光耀夺目。天家富贵,盛世欢游,愿与万方同之也。"

历史上五龙亭多次修缮,乾隆十年(1745年)四月初四日奏案:"粘补修理龙泽等亭五座,石桥一座,湾转板桥四座,……五龙亭工程内除成塑佛像,办造陈设龛案供器等项,俟呈样钦定后,再将需用银两数目约估。"

乾隆十一年（1764年）十一月奏销档："拆修龙泽等亭五座，石桥一座，湾转板桥六座，码头八座，……通共销算银十四万六千五百六十五两四钱三厘（注：此银两数含阐福寺用的一部分）。"

乾隆二十三年（1758年）正月二十九日奏案："阐福寺前龙泽亭湾转板桥四座，平桥二座，拆换承重楞木，拆安添换挂檐桥板，围琵琶栏杆，共计一百五十八扇。内添换新料二十一扇，拆散改做四十六扇，粘补边抹三十扇，拆卸照旧安装二十二扇，原旧不动二十九扇，桥下青砂石水柱六十根，内拆除五根，拆安四十根，归拢十五根，以及栏杆并永安寺嘛呢杆油饰见新等项工程，俱经修理完竣。所有办买物料，给发匠夫工价通共实查销算银三百九十六两七钱七分六厘，请向广储司支领发给。谨将实查销算银两分析细数另缮黄册清单，一并恭呈御览。为此，谨具奏闻。"

乾隆二十八年（1763年）四月十五日奏案："阐福寺前五龙亭湾转木桥桥板，承重楞方、栏杆等项多有糟朽损坏，亦在应修之内。但此桥现系青白石柱，安装承重楞方、铺板、栏杆成做。每岁春融化冻之际，易于损坏，虽经历年粘修，委实难期永固。今拟将此项木桥改做大料石金刚墙，安过梁石，上面墁砖，成砌琉璃宇墙，以属一劳永逸。如蒙俞允，即将此项桥座归并岁修估计修理。谨将木桥拟改石桥之处烫样一座，一并恭呈御览，等因具奏，奉旨准照样改做石桥，钦此，钦遵。今奴才等会同详细踏勘得阐福寺前方亭五座，两边木桥拆改湾转石桥六座，凑长十七

五龙亭前眺望白塔

丈五尺四寸（56.13），宽一丈（3.20米），连同三座码头，中一座，见方八尺（2.56米），两边二座各见方六尺（1.92米），俱满下柏木地丁，旧样城砖砌停当，安砌豆渣石装板大料金刚墙，过梁石，青砂石压面，添砌黄绿色琉璃扶手墙，桥面铺墁细尺四方砖。粘补亭内坐凳栏杆，南面圈亭打栏水土坝，凑长六十一丈五尺（196.80米），拆砌两头泊岸扶手墙，以及出运渣土等项工程，逐一详细勘估，除架木向工部行取应用外，所有办买石料、砖块、灰斤、琉璃瓦料、绳麻、铁料、杂料并各作匠夫工价、运价，通共约需银一万三千四百五两五钱九分六厘。请向广储司领用。统俟工竣，另行派员详细查核，据实奏销。谨将约估银两分析细数，另缮清单，一并恭呈。"

　　乾隆二十八年（1763年）四月二十一日奏案："查得阐福寺

前龙泽亭两座木桥，改建弯转桥六座，原拟上安黄绿色琉璃宇墙，计需银二千七百三十六两一钱二分七厘，今奉旨改做石栏杆，经详细估计湾转石桥六座，两边共应安栏板、柱子一百九十二堂。如用青白石成做，约需银四千七百八十一两一钱九分。较琉璃宇墙多用银二千四十五两六分三厘。若用青砂石成做，约需银一千九百四十四两九钱六分，较琉璃宇墙少用银七百九十一两一钱六分七厘。奴才等详加酌定，拟将此项栏板、柱子即用青砂石成做，将所需银两应减之数，于料估通总用数内核除可也。谨此，奏闻。乾隆二十八年四月二十一日交奏事总管太监王常贵转奏。本日奉旨：准用青砂石成做，钦此。"

乾隆三十五年（1769年）四月二十日奏案："阐福寺山门外有龙泽、澄祥、涌瑞、滋香、浮翠五亭，曾于乾隆十五年见新一次，已越二十五年，油画已糟旧。今阐福寺、极乐世界、万佛楼俱一式油饰鲜明，殿宇辉煌，惟此五亭介在其间，应否一律见新，理合奏请圣训。如蒙俞允，此五亭外檐柱木找补、彩画见新，约需银一千五百七两五钱八分。谨将估需银两细数清单，一并恭呈御览。"

同治二年（1863年）四月十日奉宸苑修工折："五龙亭周围石栏杆损坏不齐，东头亭子柱角石沉陷。"

民国十四年（1925年）北海公园开放后，加以修缮。添加琉璃融扇，之后租给商人开设茶社餐馆使用，原有的青砂石栏板、望柱已经无存。

1951年北海挖湖清淤时，从亭子和湾转桥周围淤泥内挖出

20余堂栏板、望柱，均顶替使用在永安桥北头两侧湖岸围栏上。

1952年，公园与商人解除合同，拆除了出租（五龙亭）初期安装的新式隔扇，复原接装倒挂楣子和坐凳楣子，并全部油饰彩画。

1971年，龙泽亭房檐下垂，拆除檐头，更换部分檐椽、飞椽、望板，添配瓦件，重新修补整齐。五座亭子全部柱根糟朽，照样墩接，修补牢固。倒挂楣子和坐凳楣子及坐凳板有的变形，有的残缺，油饰彩画经过近20个年头，已有脱落、爆皮、地伏有的空鼓、有的龟裂。重新做地仗及油饰彩画。

1973年，北海公园在停止开放关门期间，对五龙亭及弧型桥、拱桥、平桥的栏杆修复添配齐全。

1990年，为迎接亚洲运动会，整饰园容，对五龙亭的坐凳、楣子进行修配加固，下架全部油饰，投资约2万元。

2006年，对龙泽亭、涌瑞亭、澄祥亭、滋香亭、浮翠亭等五亭进行屋面整修、油饰彩画及加装避雷设施。工程于2006年9月1日开工，于2007年4月28日完成整体施工验收。

阐福寺

　　阐福寺位于太液池北岸，五龙亭迤北，原为明太素殿旧址，清康熙年间，康熙帝常奉其母后避暑于此。乾隆十一年(1746年)高宗谕旨就其址改为佛殿，仿照河北省正定县隆兴寺规模，定名阐福寺。占地面积11560平方米，建筑面积828.84平方米。

寺庙修建

登 23 级台阶，为高 2.80 米月台，正中为阐福寺山门，在清代山门外台阶下两旁安铜狮子一对。山门两侧供哼哈神二尊。两侧各有角门一座，山门内有钟鼓楼、天王殿，殿后东西配殿。后边的大佛殿、后殿、八方亭等于民国八年（1919 年）焚毁，但基座尚存。

《日下旧闻考》载："太液池之北有亭五所，谓五龙亭也，其北为阐福寺。……亭后石坊二（实为木枋一），南向额曰'性海'，北向额曰'福田'。阐福寺乾隆十一年（1746 年）建。入寺门为天王殿，殿后额曰'宗乘圆镜'。联曰'妙华普观无穷境，慧日常悬自在天'。再后为大佛殿，规制仿正定隆兴寺，重宇三层，上层恭悬御书额曰'大雄宝殿'，中曰'极乐世界'，下曰'福田花雨'。殿内联曰'真谛别传，趋妙庄严路；能仁权应，现常清净身'。又额曰'有大威德'。联曰'放百宝无畏光明，历劫智珠常朗；入三昧甚深微妙，诸方心印同圆'。"

大佛殿前左侧立有《御制阐福寺大佛诗》碑，于乾隆十二年（1747 年）立。碑首高 1.07 米；碑身高 2.89 米，宽 1.22 米，厚 0.58 米；碑身下须弥座高 1.14 米，宽 1.56 米，厚 0.89 米。碑首浮雕夔龙，额雕莲座、藏文《时轮咒》及光轮；碑身南面无文，北面

阐福寺山门

刻清高宗弘历题《御制阐福寺大佛诗》，碑身四边框浮雕缠枝莲，东、西两侧雕山石缠枝莲，碑身下须弥座上下枭刻八达马，上下枋刻卷草纹，束腰刻缠枝纹。

《御制阐福寺碑》位于阐福寺内大佛殿前右侧，石碑立于清代乾隆十二年（1747年）。碑阳南向，形制与《御制阐福寺大佛诗》碑形制相同。惟碑阳刻满、汉文高宗弘历所题《御制阐福寺碑文》。碑阴无字。

阐福寺建于乾隆十一年（1746年）。乾隆十一年十一月初七日奏销黄册："……遵旨新建阐福寺殿宇房屋，成塑装颜佛像及清挖船道，码头等项工程，原估除将郑家庄及藏经馆房间旧料拆运抵用，净约需工料银十三万六千五百三两二钱六分一厘，向储库司支领应用在案，今前项工程俱遵奏准式样于乾隆十年（1745年）四月内拆卸兴工，至十一年八月内全行告竣，所有原估四柱九楼牌楼一座，山门一座，天王殿一座，三覆檐大雄宝殿一座，重檐庑座鼓钟楼二座，配殿二座，东西顺山房二座，井亭一座，竖立石碣二统,旗杆二座;东所新建重檐垂花门一座,穿堂门一座,正殿一座,游廊五座。耳房二座,值房三座。拆修龙泽等亭五座,石桥一座,湾转板桥六座,码头八座,西大门一座,门外铺面房二十七间,成砌石泊岸六十余丈(192米多),大墙、院墙四百余丈(1 280余米)。铺墁月台地面,俱油饰彩画,糊裱,成塑白伞盖佛一尊、弥勒佛一尊、天王四尊、哼哈帅神二尊,办造陈设供案……"又载:"所有添小木石砖灰、绳麻钉铁、杂料、油漆颜料,及发各作匠夫工价、运价通共销算银十三万二千三百二十二两二钱六分二厘。又遵旨续添成塑装颜三世佛三尊、海潮观音一尊、罗汉十八尊,办造五塔宝龛四座,东所添盖后殿五间,配殿六间,游廊四座、耳房二座,俱油饰彩画、糊裱。西门外添盖僧房,诸旗房等三十二间及……等项工程共销算银一万四千二百四十三两一钱四分一厘。连前通共销算银十四万六千五百六十五两四钱三厘,实用银十四万一千七百九十四两九钱二分。除将前领银十三万六千五百三两二钱六分一厘应用外,应需找发各作工价银五千二百九十一两六钱五分九厘,谨将销算实用工料银两分析细数另缮清单,一并恭呈御览。俟命下之日,将应找银五千二百九十一两六钱五分九厘,仍请向广储司支领给发。至请领过广储司赤金一百六十五两,搥造飞金三百五块三十一帖,除佛像龛案用过二百五十四块二十帖,尚存剩飞金五十一块十二帖。今遵旨雍和宫佛楼补造娘娘九尊,请存剩飞金留工应用,如有余剩,仍交广储司收贮可也。谨此,并奏。"

乾隆十四年(1749年)二月初三日奏案:"闸福寺添建重檐

殿一座，重檐八方亭二座，拆挪值房二座，添砌墙垣，铺墁甬路地面、海墁散水，筑打地基，油饰彩画糊裱，拆挪土山，长垫地面以及殿内佛座、供柜、踏跺、供桌供器并亭内诚造铜胎佛二千二尊及办造佛座、鱼水花池、供桌供器等项工程，所需工料详细约估，除琉璃瓦料、银朱、苎布绫绢、纸张、亮铁槽活等项照制行取应用，以及存剩旧料拣选抵用外，所有办买木石、砖灰、绳麻、钉铁、杂料及给以匠夫工价、运价通共约需银四万八千九百二十三两三钱二分六厘，赤金一百十九两二钱四分八厘。其木植，即与员外郎戴文砍伐木植内运用。至各项物料必须预为备办，以便接续兴修。请将前项约需银两、赤金，向广储司支领应用。倘有不敷，再行奏请；如有剩余，即行交回。谨将约估银两分析细数，另缮清单恭呈御览。统俟工竣，再将用过银两详细销算，据实奏闻。为此，谨奏。"奉旨："银两向刘沧洲要，其赤金准向广储司支领应用，钦此。"

乾隆十五年（1750年）八月初八奏案："成造阐福寺供奉无量寿佛三千六百八十一尊，每尊实用物料工价银十三两二钱四分七厘一毫二丝五忽，共用银四万八千七百六十二两六钱六分七厘一毫二丝五忽。大无量寿佛九尊，实用物料工价银一万一千四百七十七两四钱三分九毫。共用过库贮红铜一万八千七百二十八斤十三两，每斤价银二钱五分。"

乾隆十五年（1750年）十二月三日奏销档："阐福寺添建重檐后殿一座，重檐八方亭二座，挪盖僧房二座，看守房二座，添安板墙二槽，前殿后檐改安踏跺三座，添砌墙垣九十九丈（316.80

米），殿内安砌青白石须弥佛座三面，蹉蹉佛座，并雕龙供案三张，素线供案三张，珊瑚树四盆，青瓶灵芝一对，八方亭内鱼水莲池伞盖二座，以及铺墁地面甬路散水，油漆彩画糊裱等项工程全行告竣。……查先经建造此项工程，原估银四万一千五百七十两九钱七分七厘。办造八方亭内胎镀铜佛原估银七千三百五十四两三钱四分九厘，共原估银四万八千九百二十五两三钱二分六厘，缮折奏请。"

乾隆三十五年（1770年）二月十六日奏案："闸福寺殿宇楼座油饰彩画见新等项工程，共估需银七千七百十二两九钱八厘，请向广储司支领应用。再查此项殿宇楼座系乾隆十年建造。至今二十余载，此内或稍有渗漏及糟损之处予难查办，俟兴工后按座详细查看，如有必（需）应用粘修处所奴才等另行奏闻请旨。"

乾隆三十七年（1772年）十二月奏案："永瑢、福隆安、迈拉逊率领司员履行查核过工程五案：一案原办监督郎中七十一等承办修理闸福寺大殿、配殿、山门、钟鼓楼、僧房、亭座找补地仗，磨洗光油，彩画见新，并殿座鼓楼头停拆窝夹陇，归安石料，拆换旗杆戗木、踏跺、拆砌墙垣，提刷红浆，添补瓦片，砖块甬路海墁散水，以及糊饰等项工程，原估物料工价银一万一千三百二十七两八钱五分，经该工自行核减银二百三十九两一钱四分五厘。实净销银一万一千八十八两七钱五厘，今率郎中班达尔、沙额而登布履加详细查核，该工所用一切物料工价均属相符。"

乾隆四十一年（1776年）正月至三月奏案："遵旨查得闸福

寺白伞盖佛像系乾隆十一年成造，但佛像非房屋殿座可比，何致甫经三十年，即有裂缝脱节之处，今奴才等现正筹酌修理之法，将来所需工料合理奏照，着落原监办等分赔。"

乾隆四十五年（1780年）正月至三月奏案："率员详细堪估得阐福寺山门一座三间，天王殿一座五间，钟鼓楼二座，每座三间，三重檐大楼（殿）一座五间，东西配殿二座每座五间，重檐后殿一座五间，重檐八方亭两座，后殿东边御座房一座三间，西边御座房一座三间，共殿宇、楼亭十二座计四十二间，内里油漆不动，其外檐油画地仗不动，将下架油饰、磨洗、光朱红油，上漆画活照旧式过色见新，金水一概不动，并旗杆门口油朱红油，糊饰窗心、搭拆脚手架子等项，除所需颜料、高丽纸、架木照例向各该处行取应用外，按例估需工料银一千五百六十四两四钱六分三厘。理合奏照，请向广储司银库支领，派员遵照妥协修理，务于本年五月以前完竣。"

乾隆皇帝的祈福

自乾隆十七年（1752年）开始，每年的农历十二月初一，乾隆都要到阐福寺拈香、祈福，然后用"赐福苍生笔"举行"书福"盛典，祈求"苍天赐福"。这一天的清早，太阳尚未升起，乾隆皇帝身着朝服、乘轿到阐福寺拜佛，此为"祈福"。走到后殿用造福苍生的大毛笔,在二尺见方的云龙大红朱笺纸上书写一个大"福"字,叫"书福"。然后将这个福字保留在大殿内叫"留福"。至此仿佛大佛已经把福气降下来,叫"第一大福"。接着乾隆帝到澄观堂,书写第二个福,并将这个福字带回皇宫,裱在镜框内悬挂在养心殿内。从这一天起,皇帝天天到重华宫漱芳斋,在一尺四寸见方的大红朱笺纸上反复书写福字,作为新年礼品,这叫"赐福"。皇帝每书"福"一方,王公、大臣内直侍从等一人讠旨御案前,跪、接受皇帝颁赐的"福"字,叩首完毕,恭捧而出。第二年正月初一,乾隆早起再到阐福寺拜佛后,至后殿取出上一年书写的福,这叫"迎福",带回宫把福字悬挂在建福宫内,叫"受福"。然后再写一个福字,悬挂于乾清宫,至此典礼完毕。乾隆二十四年(1759年),福康安、和琳率军灭敌,捷报传来,正置开笔吉日,乾隆特多书二"福"字,颁赐二人。乾隆皇帝八十岁时,还坚持到阐福寺祈福,精神健康如常,他在诗中写道:"三层楼阁仍躬步,八秩康强赖昊禧。"乾隆帝把祈福作为"皇考家法之例,要求子孙当万年法守"。

阐福寺是清皇室佛事活动的重要场所。每月初一和十五日,派喇嘛十五人,在阐福寺放乌卜藏;每年十二月二十四日至二十八日,派喇嘛一白八人,在阐福寺内念《大藏经》;每年十二月二十一日至二十九日,派喇嘛一百二十人,在阐福寺内念《秘密佛经》;十月二十五日,派喇嘛三百四十三人在阐福寺内念《喇嘛供献经》。阐福寺放每月初一日、十五日供素菜二次,每次四十五碗,每碗银一钱。

清代末年，皇帝不再亲自到阐福寺拈香祈福，指派太监到此拈香。

凡寺庙年例、月例、办道场、念经、献戏日期及香烛供品等项银两，僧道、庙户每月钱两，由掌仪司承办。

佛像与陈设

乾隆三十四年（1769年）十二月初二日，清档案记载："阐福寺后殿供奉无量寿佛系三千六百八十一尊，此乾隆十五年铸造之数。今次新建万佛楼三层供奉，计供佛一万九十九尊，现今即照此数成造。"

《清内务府陈设档》载：阐福寺天王殿前院中间安供六角大铜鼎炉一件、铜铃铛六个。

天王殿明间陈设：

明间挂御笔"宗乘圆镜"匾一面，对联一副。中间供镄胎布袋佛一尊。前设朱油供桌一张，上设铜五供一份、灵芝样蜡各一对、铜枝叶锡供托一份。背板面南安挂画像佛七轴。背板向北贴《墨刻金刚经塔》一张。后檐隔扇黄缎帘刷三架。两山供增胎四大天王四尊。前供朱油供案四张，上设铜五供四份、灵芝、样蜡各一对。

大雄宝殿（大佛殿）月台上供铜鼎炉一对。前檐廊内挂御书铜字"福田花雨"龙匾一面，对联一副。中供镄胎白伞盖佛一尊，

阐福寺内天王殿

玻璃数珠一盘，楠木胎红漆数珠一盘，菩提朝珠一盘。

前面佛楼上供《御书金刚经》一部，铜镀金各色玻璃塔二座，铜镀金胎接引佛一尊，带珍珠数珠一盘，金片金佛衣二件，铜镀金佛四尊。北面明间供海潮观音一尊。东次间面北供玛哈噶拉画像佛一轴。西次间北面供厄尔里克罕画像佛一轴。前设楠木供桌一张，上安铜五供一份、灵芝样蜡各一对，上挂哈达一个。

北明间面南供镌胎三世佛三尊，银镀金八宝一份，银镀金七珍二份。座上设嵌珊瑚银七珍一份。前设朱油供桌三张，内中案上中设花梨座银镀金曼达一件，左右设镶嵌松石珊瑚青石银镀金塔二座，次左右设镶嵌松石珊瑚银宝瓶二件；左案上中设花梨座镶嵌玻璃铜镀金塔一座，左右设镶嵌玻璃铜镀金轮二座，次左右设木座瓷瓶二件；右案上中设镶嵌松石珊瑚银包镶塔一座，左右设镶嵌松石珊瑚铜镀金塔二座，次左右设镶嵌珊瑚银镀金轮二座；

佛上挂哈达三个；三案上设铜五供三份、灵芝、样蜡各一对。

东次间面南设释迦牟尼佛画像一轴，随佛帘，上挂哈达一个。左右板墙上挂无量寿佛画像二轴，随佛帘。西次间面南供药师佛画像一轴。随佛帘，上挂哈达一个。左右板墙上挂无量寿佛画像二轴。

南面明间面北供坛城龛一座，玻璃门一件，紫檀木长匣一个，铜镀金佛三尊，金漆塔二座。前设楠木桌一张，上设银镀金轮大小七件、铜五供一份、灵芝、样蜡各一对、银八吉祥一份、龛挂哈达一个。左右板墙上挂无量寿佛二轴、软帘二架。

东次间面北中供三塔龛一座，随玻璃门三件，内供金漆佛三尊；龛上挂哈达一个；铜镀金佛三尊。左右供亭式龛二座，随玻璃门二件，内供佛二尊、铜胎佛一尊。前设楠木供桌一张，上设铜五供一份、灵芝、样蜡各一对。左右板墙上挂无量寿佛二轴，随佛帘。

西次间面北中供三塔龛一座，随玻璃门三件，内供金漆佛三尊；龛上挂哈达一件；铜镀金佛一尊。左右供亭式龛二座，随玻璃门二件、佛二尊；铜胎佛三尊。前设楠木供桌一张，上供铜五供一份、灵芝、样蜡各一对。左右板墙上挂无量寿佛二轴，随佛帘。两山供一佛二菩萨四堂十二尊，哈达四个；四间分供铜镀金佛四尊；紫檀方龛一座，内供新造无量寿佛一尊；紫檀四方龛四座，内供利益新造无量寿佛四尊；楠木四方龛四座，内供利益新造无量寿佛四尊；楠木四方连三龛一座，内供利益新造无量寿佛一尊、利益新造白救度佛母一尊、利益新造绿救度佛母一尊；铜亭式龛二座大利益梵铜玛如意观音一尊、大利益番铜旧玛释迦牟尼佛八尊、利益铜玛侍从密鲁蜜释迦牟尼佛一尊；紫檀龛一座，内供利益无量寿佛一尊；墨漆描金龛一座，内供利益铜利玛无量寿佛一尊；紫檀桃式龛一座，内供利益新造无量寿佛一尊；铜胎佛十二尊，四间分供。前设楠木供桌四张，上设铜五供四份，每份随灵芝、样蜡各一对。左右板墙上挂无量寿佛八轴，随佛帘；佛像十轴。

上层楼北面明间面南供旃檀佛一尊，手拿玻璃料身数珠一盘，上挂哈达一个。前设楠木供桌一张，上设金轮一个、金花四件、木山铜盘玻璃罩各五件、铜镀金五供一份、灵芝、样蜡各一对。

东次间面南供玻璃挂龛佛一龛，计增胎佛八十一尊；上挂哈达一个。前设楠木桌一张，上设银镶金八宝一份、铜五供一份、灵芝、样蜡各一对。

西次间面南供玻璃挂龛佛一龛，计增胎佛八十一尊；上挂哈达一个。前设楠木供桌一张，上设银镀金七珍一份、铜五供一份、灵芝、样蜡各一对。

面南明间供秘密佛坛城一座，上挂哈达一个，御笔字黑漆匾一面。坛城两边供；银轮二件、五分哈达二份、楠木香几二件。

东次间供上王佛坛城一座，上挂哈达一件。西次间供雅满答噶佛坛城一座，上挂哈达一个。两山供玻璃罩坛城二座、楠木香几二件、五方佛漆龛四座、五方佛十尊、铜佛十八尊，每座上挂哈达四个。四角供五塔龛四座，每座供擦擦佛一百尊，每座挂哈达四个。北面明间面南挂御笔本文"有大威德"匾一面，对联一副。楼前后檐挂黄缎帘刷六架。

东八方亭内设铜烧古泥金千尊莲座，上供奉铜烧古泥金毗卢佛一尊。西八方亭内设铜烧古泥金千尊四臂观音莲座，上供奉铜烧石泥金八臂观音一尊。

真实般若殿内供万佛紫檀木塔一对，铜镀金无量寿佛九尊，随木胎朱油贴金座；紫檀背光座铜烧古泥金无量寿佛一尊、铜镀金无量寿佛三尊、铜镀金长寿佛三尊、画像佛三轴。三面踏跺无量寿佛三千六百八十一尊。正面朱红漆贴金供桌三张，上设紫檀龛九座，玻璃门内供镀金长寿佛八十一尊；紫檀五塔龛二座，玻璃门内供铜胎释迦牟尼佛六尊、铜胎无量寿佛四尊、铜胎佛三尊。

大佛殿内曾供有整棵金丝楠木雕刻的千手千眼大佛，全身嵌满无数珍宝，其雕刻艺术价值极高。光绪二十六年（1900年）八国联军侵入北京，进驻北海御苑，将大雄宝殿内千手千眼佛身上镶嵌的珠宝抢掠一空。

民国八年（1919年），袁世凯的公府卫队改编的消防队驻扎于此，在大佛殿内做饭不慎失火，大佛殿、后殿、八方亭焚毁，殿内陈设、佛像也火焚殆尽。

1974年起，北海公园管理处以阐福寺为主，筹建园林经济植物园。至1979年完工，阐福寺院全部房屋进行了修缮、油饰彩画，改装电线、电缆，安装暖气。在天王殿正北面建钢筋混凝土的花架，院内深挖土地，更换黄土，安装上下水管道，布置种植池，铺装甬路。并拆除西北隅大红墙，将阐福寺夹道与万佛楼院打通，在万佛楼旧址新建展览温室及培养温室使三个院连接起来。1980年，将此处辟为北海"经济植物园"，有展厅10余间。

阐福寺牌匾

在这里每年举办北京市菊花、月季、盆景、根雕等花卉展览。自 1980 年至 2010 年，北京市菊花协会已举办 31 届菊花展览。

2002 年，万佛楼、阐福寺大佛殿建筑群复建工程的立项申请已正式上报审批。4 月 30 日，国家文物局批复同意了对小西天万佛楼、阐福寺大佛殿建筑群复建工程的立项申请，指出该复建工程对于恢复北海公园历史格局、风貌以及建筑群的完整性具有重要意义。要遵循原址、原结构、原形制、原材料、原工艺等原则，组织具有相应资质的设计单位，编制复建工程设计方案，上报审批。

万佛楼

北海万佛楼是一座用五彩琉璃砖砌成的三层楼宇，位于极乐世界后面，与阐福寺相邻。是乾隆皇帝为其母孝圣皇太后八十寿辰祝福祈寿而建的一座规模宏大的保存完整的寺庙建筑。万佛楼于乾隆三十二年（1767年）开始兴建，乾隆三十五年（1770年）建成。

为母祝寿建佛楼

　　万佛楼建筑群东西宽 81 米，南北长 139 米，占地 1.26 公顷。纵向有三条轴线，万佛楼居中而立，位于主轴线上。

　　大门由三座琉璃门组成，进门是大块花岗岩砌成的矩形水池。院内空间开阔，松、柏、桑、柘树遍植其中，院中间架汉白玉石拱桥。桥南北各有四柱三楼牌楼，南牌楼额"大千轮驻""满万昙霏"，北牌楼额"聚诸福德""现大吉祥"。水池南北两侧各有清白石须弥座的山子石一座。水池两侧各有石幢一座，左边石幢上刻《金刚般若波罗蜜经》，右侧石幢刻《佛说药师如来本愿经》。石幢北为配楼，东为"宝积楼"，西为"鬈辉楼"。正中为三层七开间的万佛楼，黄琉璃瓦屋面，五色琉璃砖砌墙。楼前有大月台汉白玉石栏板、望柱。楼前右角有一座带须弥座的石碑，碑高 7.47 米，碑身为四方形，四面各宽 1.51 米，碑首为四龙衔方形宝顶，四面卷刹雕行龙，南、西、北、东四面碑额分别刻有汉、满、蒙、藏文"御制"二字和乾隆帝题《万佛楼瞻礼诗碑》，碑文曰："六旬庆诞沐慈恩，发帑范成两足尊；数计万因资众举（建楼范佛以纪庆典，内外王公大臣亦有请铸佛像为祝者，统以万计，并奉楼中，因以'万佛'名楼），层看三此建楼骞。香花卜日瞻礼始，福德被民愿力存；设曰遐龄祈寿算，肫诚还以祝徽萱。万佛楼成瞻礼得句，乾隆庚寅孟秋月下浣御笔。"乾隆在御制诗中写道："名寿都缘大德得，康强欣共介龄增。六旬帝子八旬母，史册谁曾见此曾。"万佛楼上有乾隆书写的"万佛楼"匾额和楹联。

《日下旧闻考》[按]云："佛殿（指极乐世界）之北为普庆门，入门南北置坊二座，南曰'大千轮置'，曰'满万昙霏'，北曰'聚诸福德'，曰'现大吉祥'，左右浮屠二，中为万佛楼，楼三层。左树宝幡竿，右立石幢，恭镌御制庚寅万佛楼瞻礼诗。楼下联曰：十住引千光，佛力不可思议；一成该万有，我闻如是吉祥。中楼联曰：重海观皆融，法流永汇；昙花趺遍结，寿世同持。楼上额曰：华藏恒春。联曰：龙象护庄严，满多宝藏；人天洽欢喜，遍恒河沙。楼之东曰宝积楼，西曰鬘辉楼，左右各有门，东门内为澄性堂，堂后方亭曰湛碧亭，西达致爽楼，北为镜藻轩，南为澄碧亭。亭北廊曰清约池，轩西曰澹吟室。西门内构八方亭，树石塔，镌刻贯休画十六应真像，并恭勒御制赞语其上，再后有殿，额曰：真实般若。联曰：正法眼长明，慧灯不灭；无漏身自在，性海遥通。皆御书。"

乾隆三十五年（1770年）三月初四日奏销档中记载："万佛楼一座计七间，配楼两座计十间，东所前抱厦殿五间，后殿三间，敞厅一间，游廊四座计四十间，净房一间。西所重檐八方亭一座，周围游廊三十九间，垂花门两座，以上楼座殿宇游廊十八座，计一百十六间，大楼前月台一座，青白石须弥座，天灯杆一座，日晷一座。石塔一座，月台两座，大料石水池一座，牌楼两座，琉璃门三座。补盖值房、喇嘛房十三座计三十间，木神台二座，共估需银二十八万九千八百四十九两七钱四分二厘。

"查得新建万佛楼工程共需物料工价银二十八万九千八百四十九两零,除先经养心殿支出五万两外,……此次恭造万寿无量寿佛工料价节省银两内动用,前查造佛工价统计约用银二十六万二千二百余两,此内造大佛三十六尊,无量寿佛一万一千一百一十八尊,约用银十四万七百四十九两零,计录有节省银十二万三千五百余两动用外,……将内支银五万两并此项节省银十二万三千五百余两,尚不敷十一万六千三百四十余两。查乾隆二十六年恭造仁寿寺供奉无量寿佛一万尊,所有余存银两,陆续交长芦生息,本银八万两,每年将息银九千六百余两,计该寺办理道场并香灯供献一年约用银三千余两,每岁尚余剩银六千余两。……请将万佛楼不敷银两十一万六千三百四十二两,先向广储司供领应用,即将仁寿寺香供下每年余剩利银六千余两,陆续抵还归款,毋庸另动钱粮。"

祝寿献金佛

原万佛楼内设有佛龛、供桌、佛像,三层楼内整齐排列高山云雾状装饰的小佛龛,供奉有纯金无量寿佛和铜铸三世佛等佛像一万一千余尊。早在孝圣皇太后八十大寿前十年,就由内务府拨大量黄金铸造金佛。乾隆尚嫌不足,下旨朝廷王公大臣和地方文武官吏乃至蒙藏喇嘛为逢迎其母祝寿进献金佛，表示"孝心"。所献的大金佛每尊重量为五百八十八两八钱，小佛五十八两，大小金佛每尊取八的意思是乾隆为纪念其母亲八十寿辰之意，铸造这些佛像共花费白银十四万余两。一层楼内有佛像4 956尊，二层楼内有佛像3 048尊，三层楼内有佛像2 095尊，共计供奉佛像10 099尊。

万佛楼东侧有澄性堂，这里有假山、水池，还有楼、榭、廊、轩、亭等建筑，是帝后礼佛、拈香、祝寿时休息、更衣和游兴的场所。高大的万佛楼雄伟、壮观与院内典雅、朴素的亭、廊、榭构成了园林景观。

乾隆三十四年（1769年）二月十七日军机处大臣等奏称："恭查乾隆二十五年万寿圣节恭造无量寿佛一万八尊，大无量寿佛九尊，明岁恭逢万寿圣节，臣等恳请遵上届之例，敬谨成造次第办理。其内外王公大臣官员成造者，臣等亦照上届之例，汇缮清单请旨。"

乾隆三十四年（1769年）三月初二日具奏："本部协办大学士尚书官恭造无量寿佛五九四十五尊，……大学士管理部务刘恭造三九二十七尊，……尚书蔡恭造二九共十八尊，左侍郎四恭造二九共十八尊，左侍郎钱恭造二九共十八尊，右侍郎绰恭造二九共十八尊，右侍郎张恭造二九共十八尊。"

乾隆三十四年（1769年）五月十五日具奏：

"在京王公大臣官员等俱恳请成造，前来共造佛五百五十九九，计五千三十一尊，相应分析开单恭呈御览。至外省大臣官员，现在已有报到者计造佛三百二十八九，共二千九百五十二尊，理合先行缮写清单呈览外，其路远未经报到者，陆续报到时，……等另行汇奏。"

乾隆三十五年（1770年）四月初二日具奏："恭造无量寿佛事，前经奴才等将内务王公大臣官员等共请造无量寿佛一千六百三十四九，计一万四千七百六尊，节次汇奏，其路远未经报到者，俟陆续报到之时，另行汇奏。"

万佛楼工程于乾隆三十五年（1770年）八月竣工。

乾隆三十五年（1770年）八月五日奏案中记载："新建极乐世界并万佛楼工程业已完竣开光，所有每日应用香灯供献等项理合奏明请交中正殿照例办理，其殿内佛像，供器，陈设等项交阐福寺达喇嘛，噶喇嘛，并格礼、敬谨、法净看管外，至外围地面，河道门座看守打扫等项请交奉宸苑照例办理为此谨奏。"

殿内陈设

《清内务府陈设档》记载：万佛楼月台上设铜鼎炉一对。楼内底层陈设紫檀四方龛一座，内供文殊菩萨一尊、观音菩萨一尊、金刚智勇菩萨一尊、铜镀金无量寿佛三尊；紫檀六方龛一座，内供无量寿佛一尊；樟木着色如意龛一座，内供无量寿佛九尊；紫檀四方龛三座，内供沉香观世音菩萨一尊、利益释迦牟尼佛一尊、利益无量寿佛一尊；樟木着色四方龛二座，内供无量寿佛二尊；紫檀嵌黄杨木四方龛一座，内供无量寿佛一尊；紫檀灯龙二座，内供利益铜玛释迦牟尼佛二尊；紫檀四方龛七座，内供利益无量寿佛七尊；椴木着色四方龛一座，内供无量寿佛一尊；紫檀窝龛五座，内供无量寿佛四尊、洞石释迦牟尼佛源流一尊；楠木窝龛一座，内供利益无量寿佛一尊；楠木匾龛二座，内供利益番造无量寿佛十八尊；楠木九屏峰一座，内供文殊菩萨一尊、绿救度佛母一尊、白救度佛母七尊；楠木三屏峰一座，内供番铜利益牟尼佛一尊、番铜药师佛一尊、番铜燃灯佛一尊；楠木三屏峰一座，内供利益释迦牟尼佛一尊、利益番造金刚智勇菩萨二尊；紫檀嵌玉座铜镀金镶玻璃嵌玉塔一对，内供硝石长寿佛二尊；紫檀背光嵌玉座铜镀金嵌玉塔一对，内供铜镀金座硝石无量寿佛二尊；紫檀嵌玉座铜珐琅镶玻璃嵌玉塔一对、硝石无量寿佛二尊，铜镀金珐琅镶嵌玉塔一对，内供青玉长寿佛二尊，铜珐琅镶玻璃嵌玉塔一对，内供青石长寿佛二尊；紫檀嵌玉垂恩香筒塔一对。头层外檐挂御笔匾一面，御笔锦边黄绢对联一副，宝幡十首，紫檀玻璃灯一对。铜镀金无量寿佛九尊，随哈达九个。正案上供铜胎镀金三世佛三尊，铜胎佛二十八尊。左右供铜胎镀金阿难迦舍二尊；左右木胎假石座上供铜胎镀金四大天王四尊。

楼内中层陈设御笔锦边黄绢对联一副，宝幡十首，铜镀金无量寿佛九尊，三面悬山内供小铜镀金无量寿佛三千四十八尊。

楼内上层陈设御笔绢匾一面，御笔锦边黄绢对联一副，宝幡十首，铜镀金无量寿佛九尊，哈达九条。朱红贴金供案三张，上设三面悬山，供小铜镀金无量寿佛二千九十五尊。

东西配殿（宝积楼和鬘辉楼）东西配殿内供无量佛一万六千尊，御笔匾二面，黄云缎帘刷六架。

光绪二十六年(1900年)八国联军入侵北京，万佛楼内一万余尊金佛被掠一空。民国期间，万佛楼濒临坍塌。

妙相亭

万佛楼院内西北角有一座精巧的亭式建筑名妙相亭，是万佛楼院内的一座佛亭，建于清乾隆三十五年（1770年），亭为八角攒尖顶，重檐灰筒瓦，绿琉璃剪边，绿宝顶，它由48根圆形立柱支撑。亭内有八角形须弥座，上为16面石结构佛塔，塔高6.88米，顶部为八角形僧帽式顶，山字形飞檐上雕饰流云纹；下为束腰冠座，上雕双龙戏珠，塔顶之下为16角卷刹石檐，刹面雕行龙流云。石檐下为塔身，呈16面，塔身下为石须弥座。塔身环列镶嵌五代后蜀名僧贯休所绘《十六罗汉图》。贯休原名姜德隐，号宝月禅师，又称得得和尚，著有《禅月集》。他6岁为僧，工笔画以人物画闻名，尤精于佛像，他所绘水墨罗汉释迦弟子诸像，都是浓眉大眼丰颊高鼻，称作"梵相"。乾隆很欣赏他的画，专建妙相亭命如意馆画师将《十六罗汉图》临摹刻于亭内塔形石幢上，塔身上还刻有乾隆帝题写的《贯休画十六应真像赞》和跋语及僧人明永题《镌石论文》。此石刻为中国古代石刻艺术珍品。

极乐世界殿

极乐世界殿（俗称小西天）是中国最大的木结构方亭式建筑。清乾隆三十五年（1770年）乾隆皇帝为其母孝圣皇太后80寿辰而建。

修建与陈设

极乐世界殿为四角攒尖式建筑，面积1 246平方米，高26.9米。殿内有擎檐柱36根、檐柱28根、金柱20根、钻金柱4根，共88根。四根钻金柱高13米，梁的跨度为13.5米。殿为三重檐，鎏金宝顶。极乐世界殿用黄琉璃瓦盖顶，黄色为帝王专用尊贵之色。其垂脊上的瑞兽为7个，殿内顶部有八角穹隆式藻井，有48条行龙和1条坐龙，标明了相当高的建筑等级，体现了皇权象征

极乐世界殿牌楼

的特点，显示了皇权的威严和神圣。

殿内有泥塑须弥佛山，须弥山原为古印度神话中的山名，以后佛教用须弥山构成大千世界的中心，山顶上为释迦牟尼佛，在释迦牟尼佛两旁是阿难、伽舍两大弟子，两侧是八大菩萨，周围是丛林古刹和宝塔、仙鸟神兽、奇花异卉、瀑布河流等景物。

殿内南向联"于万斯年，香林沾法雨；大千世界，福地涌祥云""龙象显示真提，瑞现须弥瞻相好；人天广开正觉，欢胪舍卫证闻修"；北向联"无量胜因，恒河参善果；真如妙境，祇树拥祥光""胜缘超最上乘，兜率十重垂宝络；福德集无遮会，阎浮一切涌昙霏"；东向联"宝相现庄严，雨花相识；祥轮开广大，旭树金辉"。西向联"遍诸吉祥，华严呈福海；皆大欢喜，乾闼护珠林"。殿内高悬乾隆帝亲笔所题"极乐世界""性海圆成"匾额。

极乐世界殿四周水池环绕，水池四角各有重檐四角攒尖方亭，南侧殿外琉璃牌楼前有一条月牙河，这给对称规则的建筑增添了几分活跃气氛。大殿四面正中各有汉白玉石桥，桥外四周各建有四柱七楼琉璃牌楼，南侧牌楼额"证功德水""现欢喜园"；北侧牌楼额"法轮高胜""妙境庄严"；东侧牌楼额"震旦香林""神州宝地"；西侧牌楼额"仁寿普缘""安养示谛"。

这组建筑自乾隆三十三年（1768年）始建，乾隆三十五年（1770年）建成。

乾隆三十三年（1768年）二月初二日，奏销档："奴才三和、英廉、四格谨奏，奴才等遵旨新建极乐世界工程，业经择吉于乾隆三十三年正月十八日动土兴工等因奏明在案。""奏为新建极乐世界工程拆卸兴工，先领银五万两事。"

乾隆三十三年（1768年），内务府奏案："根据奏准烫样详细估得重檐佛殿一座，四面各显七间，菱花隔扇十二槽，槛窗十六槽。重檐方亭四座，四面各显三间，菱花隔扇十六槽，槛窗三十二槽。琉璃牌坊四座，各计三间，石券桥一座，平桥四座，成做大殿内佛台青白石须弥座……四面贴锭松木板片，安锭山坯，增塑泥胎山式，刷碌水色，点染装颜，并重檐佛亭九座，宝塔四座，瀑布二座，西番多宝柳树九十六棵。除如来佛一尊，俟藏里进到时配造阿兰、伽舍二尊供奉外，造八大菩萨八尊、圆觉菩萨十二尊，共二十尊，俱镴胎见肉泥金，衣纹筛扫红金，接引菩萨十二尊、音乐菩萨二十四尊、供养菩萨十七尊、罗汉三十五尊、执幢幡菩萨十四尊、绕塔菩萨十二尊、善男信女十八尊，共二百二尊，俱增胎五彩各色描迹烘染泥金。地景花卉七百十八攒，莲花、荷叶、慈姑六百二枝、蒲棒菱草一百十攒、点景花果树八十棵、瑶草六百攒、佛鸟三十六只。办造八吉祥一份、五供一份并石码头一座，开挖筒子河、月牙河、山石泊岸。安做汉白玉石栏板柱子一百二堂，成砌大墙看墙、成堆山石拉运物料油饰彩画，详细照例核算，共估需银二十七万二千七百七十八两四钱三分五厘。"

乾隆三十五年（1770年）八月初一日，奏案：万佛楼、极乐世界殿竣工。极乐世界工程奏销黄册："新建极乐世界重檐方殿一座，四面各显七间，中间见方四丈二尺（13.44米）一间，周围计四十间；方亭四座，四面各显三间；看守房座计九间，僧房三座计七间；挪盖僧房一座计二间，拆盖铺面房二座计四间，以上新建、挪盖僧房粘修殿宇房间计十五间,共七十五间;琉璃牌楼四座,石平桥四座,券桥一座;开挖四面河、山石泊岸,成做四面高下悬山长塑山峰,安装重檐亭九座,宝塔四座,瓶式宝塔二座,并大小佛像二百二十六尊,陈设花果树株一百三十六棵,地景瑶草一千二百八十攒,以及殿座油饰彩画、成堆土山、云步点景。又估外添做方殿下檐改换溜金斗科,花板添锭铜朦,悬山上里口添安石须弥座,凑长二十三丈四寸(74.88米),响水闸挪盖诸旗房三间,并铸烧外办造佛像,铜宝顶等项工程,除行取楠木、新样城砖、桐油、高丽纸、杭细锡、架木外,所有销算用过物料匠夫价银两细数逐款分析列于后……"

乾隆三十五年(1770年)八月初一日奏案:"万佛楼、极乐世界殿竣工,实净销银二十八万一千七百九两五钱六分四厘。"

极乐世界殿

清内务府奏案："极乐世界殿建成后竣工开光。其殿内佛像供器陈设等项，交阐福寺达喇嘛、噶喇嘛格礼敬谨看管外，至外围地面河道门座看守打扫等项，请交奉宸苑照例办理。"

《清内务府陈设档》记载：极乐世界南外檐挂御笔匾二面，御笔对联二副。前设铜鼎四个，花梨座随石座。龙井天花内悬挂圆镜一面。悬山上一层台亭子一座，内供铜胎释迦佛一尊，随铜座贴金须弥座，铜胎阿难伽舍二尊、钵二件、禅杖二根；供桌一张，上设大小银镀金轮十件；上二层台安供。增胎接引菩萨二十六尊、宝塔四座、镌胎远塔菩萨二十四尊，云兜二件。上三层台亭子四座，供铜镀金八大菩萨四尊，随铜座须弥座，哈达四个；增胎菩萨罗汉四十尊。上四层台亭子四座，供铜胎八大菩萨四尊，随铜座须弥座、哈达一个；灵杵塔二座；培胎罗汉四十八尊。下一层供增胎接引音乐菩萨五十八尊。

旱河内周围安荷花一百八十朵，荷叶一百八十朵，莲蓬四十枝，慈姑叶一面二十枝，蒲椿六十攒，菱草六十攒，镌胎善男信女十八尊，瀑布二座，凤凰四只，孔雀四只，鸳鸯四只，鹦鹉四只，鹭鸶四只，仙鹤八只，供命鸟八只。四层安设西番树十二棵，婆娑树八棵，葭叶树八根，花树八桶，无为树十六根；多宝树二棵，上安八宝二十四件；宝塔二座，宫殿十二座，舍利子三十六棵，以上俱系木胎。佛树二棵，上安图觉菩萨十二尊。四层安设绫绢花树八十棵，内有柏树十二棵、马尾松五棵、罗汉松五棵、金钱松五棵、梅花四棵、白梅花二棵、松黄梅花四棵、碧桃花八棵、贴梗海棠八棵、玉兰花二棵、茶花二棵、橘子二棵、垂丝海棠八棵、果松四棵、地景子共一千二百九十攒。

殿面南安设紫檀案一张，随木地仗一件；紫檀龛三座，内供利益无量寿佛三尊。

极乐世界上层供镶松石银轮一对、紫檀座珐琅撞瓶一对。下层供镶玻璃珠紫檀座铜镀金轮一件，紫檀座洋瓷六方三足朝冠鼎炉一对。紫檀座透花瓷四方出戟花瓶一对，金字对联四副，匾额一面。

修缮及保护

极乐世界殿自乾隆三十五年（1770年）建成后，以后几朝都有修缮，光绪二十八年（1902年）内务府杂件中记载："极乐世界佛殿工程内落架后大木糟朽，不堪应用，应行更换新料等因，以及修理各殿陈设，成做铺垫，安装雨搭堂帘，以上各工，现据该商核算得撙节覆实统计需用工料银三十七万六千七百五十三两八钱。惟查此项工程虽经饬令该商等先行垫办兴修，时届岁底，该商等呈请钱粮，现值部库款项支出，何敢另行请报。"

1900年，八国联军侵略北京，极乐世界殿内的佛像及文物遭到严重破坏。

1949年以后因佛山造型残破，不适合对游人开放，故将佛山封闭起来，只做一般性参观。1952年，有关部门打算利用这组建筑改做首都历史与建设博物馆用，将残破不堪的佛山造型拆除。当时拆下来的碎旧木料有 50 多立方米，旧样城砖有 200 多立方米。1976 年以来曾多次酝酿修葺，均因资金和木材不足而暂缓，至 1983 年落实了资金和木材，当时初步估计需投资 250 万元，木材 1000 立方米。之后搭起脚手架，进一步详细检查并测绘图纸，提出了修缮方案和大梁加固方案，分别报市文物事业管理局和文化部文物事业管理局批准后，方行施工。

20 世纪 70 年代后期，市园林局、北海公园管理处虽多次酝酿对极乐世界殿进行保护性修葺，均因选材和筹措资金等问题而推延。1983 年，经过对该殿的现场勘查，查阅资料，征求各界专家意见，并经市文物局和国家文物局的批准，终于同年 4 月由市园林古建工程公司对其进行重修，1987 年 8 月竣工，工程总投资 239 万元。

修缮内容包括：大殿挑顶、大梁加固，部分柱子抽换和加固，额枋、挑檐桁、尖梁、童柱，更换楠木角梁和勒拱柱，修补和加固斗拱，更换部分椽子和飞椽，全部更换望板、棂花隔扇门窗。配齐藻井原有 49 条行龙、坐龙和全部龙头。施工中采用钢结构组合拼接方法，代替国内难找、国外又运不进来的长

极乐世界殿佛像

13 米花台梁 4 根，并在钢材外面用木材装饰，即牢固又无损原样。复建了白玉石拱桥、月牙河及 4 个角亭和 4 个牌楼。油漆彩画全部按原金龙和玺做法，仅改用铜箔代替金箔，而清乾隆皇帝御笔所题殿内匾额"极乐世界"4 个大字及印宝则使用库金予以恢复。

1987 年，极乐世界殿修缮工程接近竣工时，经市园林局批准并投资，将白玉石拱券桥和月牙河修复。经过挖掘，清理出旧桥桥基和月牙河遗址，按始建年代的制式做复原，添配了桥面石和栏板、望柱，疏浚了河道，归安方整石泊岸基础和青云片石泊岸。由于原水系已经废弛，只能引用北海太液池之水，月牙河河底和极乐世界殿周围水池池底都高出于太液池水面，因此在进水口安装水泵抽太液池水，在出水口安装闸门来控制水位，使水可以流动，也可以静止。修缮工程结束后，对这组建筑周围环境进行铺装和绿化，使具有 220 多年历史，已经破旧不堪，存在着安全隐患的这一组建筑，得到应有的保护，恢复了本来面貌。

1993 年，在有关专家的支持和指导下，北海公园管理处认真参考有关史料，利用现代手段在极乐世界殿再造须弥山及佛像，并重新对外开放。

极乐世界殿于 2006 年再次进行修缮，7 月 1 日开工，同年 11 月底竣工。此次工程修缮重点为小西天景区的极乐世界、四处角楼、四面牌坊、宇墙及的屋面整修、油饰彩画及地面和石栏板的整修，添配部分瓦件，阶条石、台明石归安等，油饰彩画部分按破损程度做一麻五灰地仗，恢复传统彩画，小西天景区建筑室内彩画除尘，修缮总面积约为 2100 平方米。

团　城

团城历史悠久，是一座砖筑的圆形小城，城高4.60米，周长276米，面积4553平方米，台上四周砌有城堞垛口。团城既是北海的一部分，又是一座具有独特风格的小园林，与北海、中海、南海共同构成了北京城里最优美的风景区。这里有辉煌的殿堂，参天的松柏，精巧的叠石，珍贵的文物，犹如镶嵌在都城内的一颗明珠，不愧为园林艺术的杰作。

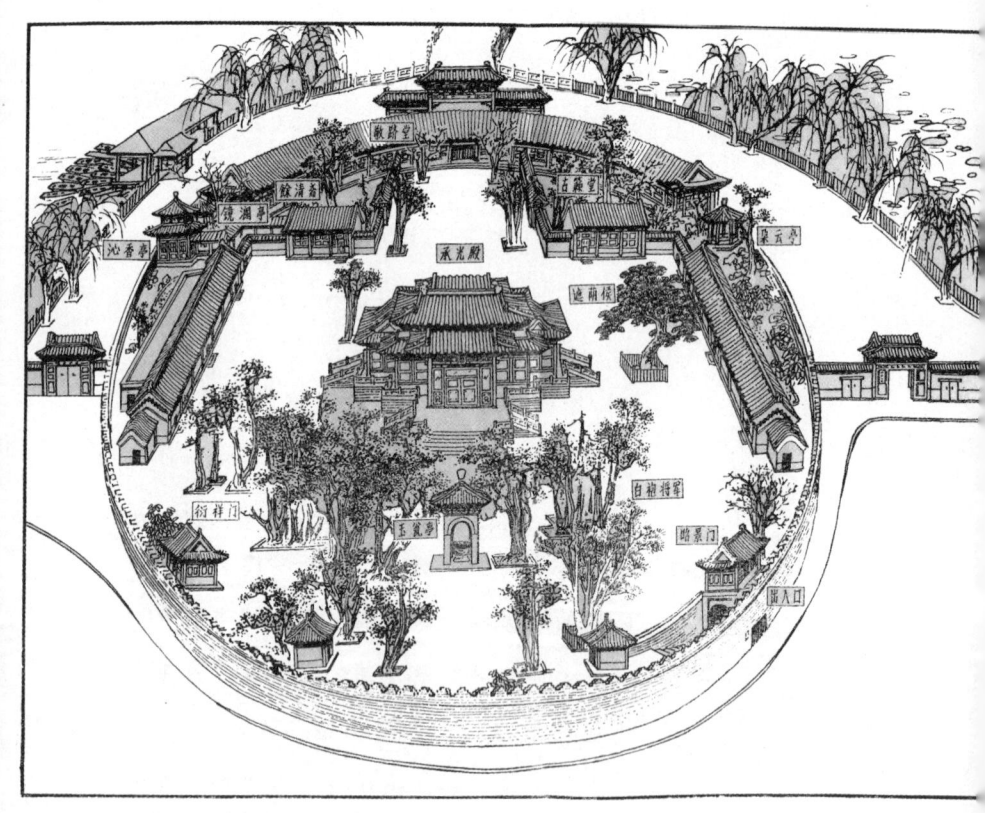

团城游览平面图

历史沿革

早在辽代，团城是湖泊中的一个小岛，亦称"圆坻"，也称圆城，岛称"瀛洲"，象征神话里东海中的仙岛，仪天殿也称"仪天圆殿"。

金世宗完颜雍营建太宁宫时，将挑挖太液池的泥土堆在琼华岛和圆坻上，同时在圆坻上营建殿宇。元世祖忽必烈将这里开拓成一座圆台，台基四周建石墙，上建仪天殿。

中统五年（1264年），元世祖忽必烈在旧殿的基础上修建仪天殿，殿为重檐圆顶，高三十六尺（11.06米），围七十尺四寸（21.63米），用文石砌台基，在台基的四周建石城。

元陶宗仪《辍耕录》载："仪天殿在池中圆坻上，当万寿山，十一楹，高三十五尺（10.75米），围七十尺（21.50米），重檐，圆盖顶。圆台址，砌以文石，藉以花裀，中设御榻，周辟琐窗，东西门各一间，西北厕堂一间，台西向，列砌砖龛，以居宿卫之士。东为木桥，长一百廿尺（36.86米），阔廿二尺（6.76米），通大内之夹垣，西为木吊桥，长四百七十尺（144.38米），阔如东桥。中阙之，立柱，架梁于二舟，以当其空，至车驾行幸上都，留守官则移舟断桥，以禁往来。是桥通兴圣宫前之夹垣。后有白玉石桥，乃万寿山之道也。犀山台在仪天殿前水中，上植木芍药。"

至元年间，每年二月十五日举行"游皇城"，以"镇伏邪魔，护安国刹,与众生祓除不祥,导迎福祉"。元帝在团城上观赏游皇城仪仗,其御榻设在仪天殿前,内侍、中贵及銮仪卫等森列两旁,相国、大臣及诸王驸马等,按国礼、家礼列坐下方,迎引游皇城仪仗。仪天殿两旁支起临时帐房,帐房"以金绣纹锦疙,捉蛮缬结,束珠翠软",远远望去,若"锦云绣谷也"。

明永乐十五年(1417年),重修仪天殿,更名"承光殿",并用砖砌起城墙,拆除了东面的木桥填湖为陆地,改动了团城周围的地势。明嘉靖三十一年(1552年)再次对承光殿修葺,改名"乾光殿"。

清康熙十八年(1679年)北京地区发生强烈地震,乾光殿被震塌,二十九年(1690年)重建。乾隆十一年(1746年)对团城进行大规模的修建,先后添建玉瓮亭、古籁堂、余清斋、镜澜亭、朵云亭、沁香亭,挪建昭景门及穿堂门楼等,并堆叠太湖石假山,重修乾光殿,又改称承光殿。光绪二十六年(1900年)团城城墙及衍祥门遭八国联军破坏,承光殿内白玉佛左臂上留有刀击伤痕,各殿内陈设文物被抢掠一空。

1912年1月1日,中华民国建立。当时北海、团城仍由废黜的清皇室管理。

民国时期,团城先后被袁世凯的"政治会议"、财政整理委员会、古物保管委员会、中国地理学会等单位占用。北海在1925年开放前,公园筹办处曾与占用团城的财政整理委员会接洽,准备收回团城与北海同期开放,财政整理委员会始终未迁出。1928年财政整理委员会自行解体,随后又有古物保管委员会、中国地学会、总司故宫等处机关警备事宜办事处、燕下都考古团陶器室、故宫出版物陈列室、北平图书馆陶器陈列室占用团城。1938年2月23日，北海与占用团城单位再次接洽，正式办理接收手续。经过整理修缮后，于1938年10月1日正式对游人售票开放。

1950年9月，团城修缮项目有拆砌、剔补部分城墙，假山石勾缝，拆砌堞墙、砖垛，城台排水，大元亭脱榫、檐望更换，修缮屋顶，换戗檐柱。

1955年9月29日，团城对外开放，正式售票。

1961年3月4日，团城与北海同时被国务院公布为全国重点文物保护单位。

1989年，将1964年拆卸下来的殿内明间所悬乾隆御制诗匾额十三方找补地仗，补齐缺字并见新后，重新悬挂起来。

1996年，团城一期修缮工程竣工，工程投资92万元。

2012年对团城进行了全面修缮。

团城上的主要建筑有承光殿、古籁堂、馀清斋、敬跻堂、玉瓮亭、朵云亭、沁香亭、镜澜亭等。

承光殿位于团城中心，占地面积1 600平方米，建筑面积442.09平方米。整个大殿四面各有抱厦，大殿里外梁枋都用大点金旋子彩画，形式特别，其建筑艺术风格独特、造型优美、雕梁画栋、辉煌华丽、气势雄伟，是团城的主体建筑。"承光殿"匾额为乾隆皇帝手书，"承光"之名，意为得到天光水色照映之殿。殿内中央有四根巨大的井口柱，井口天花之圆光为二龙戏珠，岔角绘鹤。殿内匾联"九陌红尘飞不到，十洲清气晓来多"为清咸

团城承光殿

丰皇帝御笔。慈禧太后题写的匾联为"七宝庄严开玉镜,万年福寿护金瓯"。承光殿内正中供奉释迦牟尼白玉佛一尊。

　　承光殿是乾隆皇帝来园时临时处理政务以及帝后、嫔妃和大臣在这里观看灯火的地方。乾隆三十七年御制承光殿诗写道:"随时勤政宁容忽,应变筹军岂易言。"诗中注:御殿后临此更衣,适温福军营奏章至,即于此批阅,并为筹示机宜,面授军机大臣传谕邮寄。有时乾隆常来此休憩、赋诗,因而咏承光殿的御制诗颇多,他在御制诗中对承光殿给予很高的赞誉,诗云:"三峤飞来秀所钟,崇基朵殿抗疏龙。虬枝天矫抚珠缀,郁作当时翠影浓。""曾闻一月日边明,尚觉歌声绕绣甍。此际倚栏飞逸兴,却如云树吊华清。""遗迹金元一慨然,距盘形胜揽全燕。空澄何以瀛池水,玉蛛秋风五百年。"

光绪十九年（1893年）二月十五日，皇上（光绪）御承光殿见德使巴兰德。同年六月十日，皇上（光绪）在承光殿见外国使臣，用过每只四两重白蜡24对，五两重羊油蜡400只，乞行关防照数发给；殿外月台上应用铺设棕毯20块，又东、西马道等处应铺设棕毯30块。

民国初年，国民政府曾在这里召开"政治会议"。1915年，袁世凯称帝前，在团城举行过一次称帝的预备会议，会场设在承光殿内。民国档案记载："民国十一年十月十七日，大总统面谕：拨团城为政治善后讨论会会址。查团城现为筹备开放三海委员会办公之所，请筹备开放三海委员会立即迁移，当派张宗翰、温道周两员前往所有接收团城事。"此次政治善后讨论会，由袁世凯任命李经羲（李鸿章侄，历任四川永宁道，湖南盐粮道、按察使，福建布政使，云贵巡抚，审计院院长，被袁世凯任命政治议会议长）为政治讨论会主席主持会议。会议通过了《救国大计咨询案》等七项提案。此后袁世凯政府的一些重要会议也都是在这里召开的。

民国二十八年（1939年）7月27日，市公署公字第844号训令：碧云寺内所存黑玉佛一尊为名贵古物，即移往团城陈列。民国二十八年（1939年）9月5日，北京市特别公署公字第1253号训令："据教育局呈报：市立第二女子中学校在修建过程中于夹壁墙内发现古佛四尊，请准予移至北海公园供奉。据此准报，指令北海公园照办。奉北京市特别公署令，将四尊像移至团城承光殿东次间内，四尊像法身均为铜质，分别是：人皇轩辕黄帝、天皇伏羲氏、地皇神农氏和文昌像（文昌像后来下落不明）。"1993

年殿内所供三皇像移至琳光殿供奉。黑玉佛移至大西天楠木殿内供奉。

民国三十一年（1942年），在南京雨花台古报恩寺遗址发现玄奘法师灵骨。民国三十二年（1943年）佛教同愿会请分灵骨一部分迎至北京建塔，并在南京举行了隆重受分典礼。玄奘法师灵骨迎至北京后，佛教同愿会"奉迎玄奘法师灵骨事务筹备处"选择团城作为暂时安置玄奘法师灵骨的地方。

民国三十三年（1944年）玄奘法师灵骨自南京移至团城承光殿，开放三日，任人参拜。中华佛教同愿会号召各界人士募资建塔，建塔地点在北海北岸真谛门内，玄奘法师部分灵骨贮于塔内。民国三十五年（1946年），抗战胜利后，经呈报市府，指令将灵塔拆除。

明宽进献白玉佛

承光殿中央佛龛内供奉一尊释迦牟尼佛坐像，由一整块白玉石雕刻而成，故又称白玉佛。白玉佛座高1.50米，重约2400斤，全身洁白无瑕，光泽清润，左臂披袈裟，头顶及衣褶上嵌着红绿宝石，神态颐静慈祥，雕工细腻，线条流畅，堪称世间雕琢艺术的杰作。这座白玉佛是清光绪二十四年（1898年），从缅甸募化而来，它还有着一段不平常的来历。在光绪年间，北京西郊海淀

团城白玉佛

关帝庙有一个叫明宽的和尚,他不仅通晓佛经掌故,而且见多识广。光绪十八年,明宽与北游京师的粤省僧人智然及弥勒院主持惠通,一起结伴出国南游,寻访佛家事迹。在沿途各国,明宽大讲慈禧太后信佛的故事,并声称自己结识了不少王公大臣,吹嘘自己可以随时出入宫廷王府,又加上智然的吹捧,身价倍增,因此受到各地寺院的尊敬。途径缅甸时,当地僧人赠给他一尊大玉佛,一尊小玉卧佛。光绪二十四年三月十六日,明宽将玉佛由新加坡海运,至七月初八日安全到达京城,存放在马家堡铁路东站。在返京的途中,明宽为避免官府的盘查和勒索,便谎称为慈禧太后专赴南洋请佛,所雇车辆一律插上"奉旨请佛"字样的黄旗,因此,一路畅通无阻。玉佛到京后,引起京师轰动,人们争相观看。但步军统领衙门认为明宽犯了"冒旨罪",明宽怕引火上身,就去央求慈禧太后的心腹大太监李莲英,情愿献出大玉佛,并恳请内务府大臣立山代奏慈禧太后。清史档案记载："光绪二十四年十月初五总管内务府大臣立山面奉懿旨：僧人明宽呈进白玉释迦文佛坐像一尊，白玉卧佛一尊并舍利镀金塔一座，贝叶经三部，银钵一件，准其呈进，著赏给龙藏经一部。"

慈禧见呈进的白玉佛十分高兴，立即下懿旨命人速造玉佛龛座，选吉日将白玉佛安置在团城承光殿内，小玉佛仍供奉在伏魔庵，并将伏魔庵改名为玉佛寺。不仅如此，慈禧还因明宽南游时一路颂扬自己，又得到了大玉佛，不但不给明宽治罪，反而赏银五百两及龙藏经一部。为此，慈禧太后还题写了匾联，以求佛祖保佑。1900年八国联军侵略北京时，玉佛身上的饰物全部抢走，玉佛左臂被刀砍伤，至今玉佛左臂依然能看到侵略者刀砍的痕迹，后经修补，但刀痕犹在。

忽必烈的盛酒器——玉瓮

承光殿前有一座由彩色琉璃砖砌的亭子，亭内放置一座玉瓮，又称"渎山大玉海"。它由一整块黑中带白的墨玉雕刻而成，造型厚重古朴，精美绝伦。玉瓮呈椭圆形，长短径分别为1.65米和1.35米，周长4.93米，膛深0.57米，通高0.63米，重约3 500斤。瓮身外面浮雕有海龙、海马、海鹿、海猪、海犀、海羊、蜗牛、海螺、海蟾等，以阴阳不同的线条表现海兽的身形、毛发、胡须、

团城玉瓮

鳞甲和翅膀；以不同纹样显示海的激流、旋涡和波涛。各种海兽出没于惊涛骇浪之中，形态生动至极。

据史料记载，至元二年（1265年）十二月，元大都的一些工匠们，用一块黑色大玉石，雕刻了一个大酒缸，敬献给元世祖忽必烈，元世祖非常高兴，赐名"渎山大玉海"，并下诏将它放置于琼华岛广寒殿内御榻前。忽必烈在广寒殿宴请文武百官时，就用玉瓮（渎山大玉海）盛御酒。每逢打了胜仗，元世祖都和群臣同欢共饮，以显示气派之大。明万历七年（1579年）五月，广寒殿因倒塌而被拆除，玉瓮幸得保全。先是被移至御用监院内，放于一小亭中，以后又流落到西华门外真武庙中。《日下旧闻考》记载有翰林院侍读曹曰瑛《重修真武庙记略》云："紫禁城西华门外西南里许，乃前明御用监旧址也。房舍尽为军民所居，惟真武庙存焉。殿前有古玉钵一口，大可容二十石，山龙海马，云容水态，备极雕镂之巧。且露处庭中，久历年所，沐日月之精华，经风雨之嘘润,斑斓光彩,夺人心目。以故文人墨士时共访观。……深叹有器如此而竟散置于禁近之地也。至康熙五十年庀材鸠工,重建真武殿三楹。复建前殿三楹,供大士像,移玉钵于座下,垒石为小山贮水于玉钵,以示普陀南海之意。"乾隆十年(1745年)"敕以千金易之",乾隆命人将玉瓮移置团城承光殿中。乾隆十一年(1746年)在承光殿前专建一座绚丽多彩的琉璃玉瓮亭保护玉瓮。亭为黄琉璃筒瓦,蓝剪边,四角攒尖顶,四面都辟有拱门,绿琉璃券面,黄琉璃砖墙,封护檐上施以草龙枋心的彩绘。四根高1.28米、0.49米见方的白石柱,下承覆莲柱基础。乾隆还命人将玉瓮重新配制了汉白玉石雕花石座。乾隆帝亲作《玉瓮歌》,雕刻于玉瓮内壁底部,以记其事。还命内廷翰林等48人,各赋咏玉瓮诗,刻于四根石柱上。因玉瓮在明末清初的战乱中遭到火灾的焚烧,表皮失去玉质感,加之在流落到民间后也遭到严重损伤,乾隆帝命人进行了多次修琢,"刮苔涤垢",但玉瓮表面仍然有许多不清晰的地方。乾隆十三年,又"奉上谕",将"玉瓮上的水兽、水纹俱着磨细"。此后,又下旨派人将玉瓮"磨做异兽鬃毛、花纹"。乾隆十八年,又下旨将"玉瓮龙鳞、海兽等件鳞甲,……照小玉瓮(乾隆时期新做的一件玉瓮)修琢",并派官员"轮流带光玉匠李进孝、刻字匠李世金监看刻磨"。

乾隆三十八年(1773年)高宗乾隆帝至团城,《观承光殿玉瓮再作歌》曰:"元史世祖至元间,初成渎山大玉海。敕置广寒碧殿中,逮今五百有余载。青绿间以黑白章,云涛水物相低昂。五山之珍伴御榻,从臣献寿欢无央。监院道房曾几历,仍列承光似还璧。相望琼岛咫尺近,岂必铜仙独泪滴。和阗玉瓮昨琢成,质文较此都倍嬴。周监在殷殷监夏,一经数典惕予情。"诗文道出了玉瓮的身世和它不寻常的经历。玉瓮移置团城时,元代的原石座仍然留在真武庙中。这尊大玉瓮是我国现存年代最早、形体最大的传世玉器,是我国雕刻艺术罕见的珍品。

玉钵庵在20世纪60年代已经破旧,改为民居。文物部门将石钵连同原石座运回北海北岸存放。1974年修缮汕源寺时,又将石钵及元代石座一并移到汕源寺,放在净业堂前。元代的渎山大玉海,至今仍然色泽清润,完好地安放在团城玉瓮亭中,成为中外游客喜爱观赏的稀世珍宝。

民国二十七年(1938年)团城开放之前,玉瓮亭周围安装了金属栏杆。

1955年10月1日,团城重新开放前对玉瓮亭屋面进行拔草,添配琉璃瓦件,捉节夹陇,檐口油饰彩画。

1977年团城建筑全部大修,此亭也列入维修范围,先后修缮了角梁,添配琉璃瓦件,全部捉节夹陇,檐口

团城内玉瓮亭

遮荫侯

油饰彩画，并将亭内玉瓮打蜡见新。

"遮荫侯"位于承光殿左侧，是一株20余米高，枝叶茂盛的大油松，其姿态苍劲挺拔，如伞盖遮天，若虬爪拿空，这就是传说被乾隆帝封为"遮荫侯"的名松，树龄已有近千年的历史。传有一年乾隆皇帝到团城游览，当时正值酷暑，便在油松下坐息，时感清风拂过，顿觉暑汗全消，当即封这株油松为"遮荫侯"。在遮荫侯南面有一棵白皮松也同时被乾隆封为"白袍将军"。为此，乾隆帝还专门题写了一首《承光殿古栝行》以述其事。诗曰："五针为松三针栝，名虽稍异皆其侪。牙槎数株倚睥睨，岁古不识何人栽。夭矫落落吟万籁，盘拿郁郁排千钗。徒闻金元饰栋宇，两人并坐传齐谐。瓮城久闭殿阁寂，绮櫺落色风筝摧。珊瑚反挂珠帘断，乔柯雪夜鸟鸣哀。嗟嗟偃蹇凌云姿，难辞根干缠蒿莱。往来或有寻题者，吊古感慨多徘徊。琼华遗迹惜就圮，况近紫禁城西陲。爰葺爰筑命匠人，事殊经始攻灵台。时向重基驻行跸，金鳌蜿蜒空明皆。盘桓嘉荫抚寿客，真堪弟视竹与梅。春朝绿云参天青，秋夕碧月流阴皑。灵和之柳非伦比，沧桑阅尽依然佳。呜呼，种树之人安在哉！"乾隆帝还写了不少诗赞颂古树，其中一首写道："秀色镇条天，团城根据巅。有堂听古籁，无干不真仙。""影度金元月，幻同杨柳烟。世臣之谓要，乔木亦应然。"

团城衍祥门的北侧，还有一株形状奇特的古松，其枝身向西屈卧，树冠掠过城墙垛口下侧，俯临着千顷碧波太液池。它与"遮荫侯""白袍将军"两株古松，同时被乾隆帝册封，被封为"探海侯"，树龄已有近千年的历史。据《明宫史》记载："松乃数百年物，霜干虬枝，式如偃盖，凡枝之垂者，皆以杉木撑拄之，至

团城内"白袍将军"

崇祯五年，因枯木难存，始连根刨除。"1988年在原地补植了一株油松，仍倒向西侧，如探海的姿态。

团城上还有古柏多株，至今蓬勃葱郁，长势很好，据考察发现，当年修筑团城时，就为保护树木做了精心设计。如地面铺的是青砖，上宽下窄，剖面呈倒梯形。使青砖之间形成一条条纵横交错的三角形空间，既透气又渗水，适合树木根系的生长，有效地起到了养护作用。经专家考察论证，古人在团城地下建有一套完整的收集、涵养天然降水的系统，同时发现地面上石板雨水口与地下涵洞相通，而涵洞也是采用渗透性强的材料建成，这样既可在雨天收集雨水，又可以涵养雨水，在干旱时向周围土壤中渗水，冬天还能起到提高土壤温度的作用。这一发现对研究团城的历史及古树的保护有重大意义。

敬跻堂位于承光殿正北，建筑面积397.71平方米。堂为弧形、十五楹、歇山黄琉璃瓦绿剪边卷棚屋面，四周围廊，台基压面石及垂带台阶均为汉白玉石制作。清乾隆时期，堂内是皇帝的书室，设有书格10个，各种书籍500余套。

古籁堂位于敬跻堂前东侧，建筑面积76.68平方米。三开间，硬山黄琉璃瓦绿剪边屋面，绿琉璃脊件，前出廊，西次间为隔扇门四扇，明间及东次间为砖坎墙支摘窗。台基压面石及前如意台阶为汉白玉石制作。这里不远处就是遮荫侯古树。堂内有匾额"象昭"。有联曰："苍官寿客结好友，岸芷汀兰入画图。"在清代，古籁堂曾是乾隆皇帝来此游览休憩的地方，因此，室内有楠木包镶床、楠木琴桌、紫檀罗汉宝座等陈设。

餘清斋位于敬跻堂前西侧，建筑面积89.84平方米。三开间，为硬山黄琉璃瓦绿剪边屋面，绿琉璃脊件，前出廊，明间后面接抱厦一间，东次间后亦出廊。东次间前、后隔扇门各四扇，明间及西次间前后均为砖坎墙支摘窗。抱厦北与敬跻堂相对，东、西、北三面为砖砌坎墙推窗。台基压面石及如意台阶为汉白玉石制作。斋联为："座挹山光兼水态，窗延秋月与春风。"又联为："镜里林花舒艳裔，云边楼阁隐神仙。"室内有额"环秀""涵虚"，游人至此，不仅可以享受清凉之风，还能感受周围清幽的景色。

朵云亭建于清乾隆十一年（1746年），建筑面积6.85平方米，位于承光殿东北古籁堂东面角门内。亭为六角攒尖屋面黄琉璃瓦绿剪边，柱间装楣子坐凳，朵云亭与琼华岛景区遥遥相对，人们可以从不同的视觉角度欣赏园内景色，体现了造园设计者的匠心独运。乾隆皇帝十分喜爱在这里赏景，亭内曾挂有乾隆御制诗匾四方，其中一首写道："假山亦自耸嶙峋，四柱栖云蔚且彬。如朵恰于琼岛对，春阴作雨岂辞频。——癸卯新正御题"。诗后盖"古稀天子"和"犹日孜孜"印宝，这是北海楹联、御制诗中唯独不同的印章。《国朝宫史续编》载：乾隆"今岁辛丑，余年七十有一，计至八十五

团城朵云亭

岁归政,尚待十四年。余仰蒙天祖眷佑,年逾七十,精神如昔,上年刻'古稀天子'之宝,即联刻'犹日孜孜'之玺,以自励,归政以前,不敢少懈也"。两枚印章为乾隆70岁时所刻。

1950年、1956年进行维修。1977年因大木卯榫松动,亭子不稳,曾用铁活加固,添配瓦件,捉节夹陇,油饰彩画。

沁香亭建于清乾隆十一年(1746年),位于团城馀清斋西角门内,亭为四角重檐攒尖屋面绿琉璃瓦,黄琉璃脊件,黄琉璃宝顶。亭东靠北面留两扇隔扇门,其他部位均为城砖乾摆坎墙,上装推窗,此亭结构精巧,古朴典雅,与周围的景色构成一幅精美的画面。乾隆帝有诗赞道:"台亭百步接回廊,液沼平陵号沁香。申煎罢烧云锦结,果然六月有春光。"

镜澜亭建于清乾隆十一年(1746年),建筑面积11.81平方米,亭为单檐圆顶,绿琉璃瓦黄剪边,柱间装楣子坐凳,位于沁香亭北侧黄太湖石叠石上,周围由黄太湖石堆叠的假山石围绕。登上此亭可凭眺太液风光、琼岛美景。此亭既点缀了团城风景,又丰富了北海园林景观,起到了锦上添花的作用。

沁香亭

镜澜亭

团城有两座门,东为"昭景门",西为"衍祥门"。

随墙开圆券门洞,券门洞上建方形门楼,坐东朝西,歇山黄琉璃瓦绿剪边屋面,绿琉璃脊件,沿券门洞南蹬道而上,上口建长方形亭式门厅一座,黄琉璃瓦绿剪边庑殿顶屋面,绿琉璃脊件,门与蹬道为明永乐十五年(1417年)建城墙时所建。光绪二十六年(1900年),八国联军侵入北京时,衍祥门被炮火击毁。

承光二门位于团城东西两侧,建筑面积57.72平方米。从位置上看是团城的陪衬门。因团城上主要建筑是承光殿,故门亦用承光定名。团城两侧各有东西向灰瓦红墙一道,承光左、右门建在墙间对称处。门为两柱牌楼式,歇山灰筒瓦屋面及脊件,额枋上装斗拱。后(北)接有抱厦,为悬山灰筒瓦卷棚屋面。梅花柱东、西、北面上装吊挂楣子,东西砌干摆下肩,上压青条石。

金鳌玉蝀桥

金鳌玉蝀桥为团城西侧的北海和中海间,建于元代。原名玉(御)河桥,现称北海大桥,东西横卧,为北京市内交通干道上主要桥梁之一,也是北海与中海的分界桥。清代乾隆中期以前此桥为木吊桥,桥的两端为石桥,中间无桥板。《辍耕录》记载:"仪天殿在池中圆坻上,当万寿山……西为木吊桥,长四百七十尺(144.38米)阔如东桥(6.76米),中阙之,立柱,架梁于二舟,以当其空。至车驾行幸上都，留守官则移舟断桥，以禁往来。是桥通兴圣宫前之夹垣。”

《明宫史》中记载:“此乾明门之西也。其石梁如虹,直跨金海,通东西之往来者，曰玉河桥。有坊二，曰金鳌、曰玉蝀。万历间,每遇中元道经厂、汉经厂做法事,放河灯于此。桥之中,空约丈余,以木枋代石，亦用木栏杆。”

《国朝宫史续编》中记载：“水云榭之北有白石长桥，东西树坊楔二，东曰玉蝀，西曰金鳌，桥下洞七，中洞南向石刻匾曰‘银潢作界’，联曰‘玉宇琼楼天上下，方壶圆峤水中央’。北向石刻匾曰‘紫海回澜’，联曰‘绣毂纹开环月珥，锦澜漪皱焕霞标’。往西红墙夹道，有门相对，南即福华门，其北为阳泽门……”元、明、清几朝金鳌玉蝀桥都是皇家御道。团城西侧有南北对峙的两组宫殿，南边的一组建筑叫作隆福宫，是皇太子居住的地方。北边的一组建筑叫作兴圣宫，是皇太后居住的地方，与团城东面的皇宫形成三宫鼎立的格局，金鳌玉蝀桥是通往各处的必经之道。

石桥历代都有修缮，得以保存至今。1955 年为适应交通发展的需要展宽大桥，拆除两座牌楼。为了保存团城的完整，大桥往南展宽。展宽后的大桥宽 34 米，车行道为 26 米，两边各有 4 米宽的人行步道，坡度由原来的 8% 改为 2%，步道两侧仍装汉白玉石栏板、望柱。1974 年拆除汉白玉栏板、望柱，改用加高的金属栏杆，柱子改用钢筋混凝土浇制，外面贴汉白玉石面，柱身柱头花纹仍仿原样雕刻而成。

金鳌玉蝀桥东西桥头原有两座牌楼，位于北海南门（承光左门外团城迤西玉河桥东西两端）。建于明弘治二年（1489年）。牌楼为四柱三楼，绿琉璃瓦屋面，桥东牌楼额曰"玉蝀"，桥西牌楼额曰"金鳌"，两面额字样相同故又称金鳌玉蝀桥。民国二十四年（1935年），因木柱、额枋、椽望等部分糟朽，翻修时改为钢筋混凝土柱、额枋、斗拱、桁、椽、望板仍用木料添配，并去掉木戗柱。1955年因拓宽道路，改建北海大桥时拆除。

金鳌玉蝀桥是文津街内重要组成部分，文津街与北海有密切关系。北海前门外大街全长400米，西起北京图书馆（现为国家图书馆古籍馆），中经金鳌玉蝀桥（现称北海大桥），东至北长街北口，名为"文津街"。文津，谓文化之津梁。1929年，以北海图书馆并入国立北平图书馆，择北海公园西原御马圈旧址兴建新馆，1931年，北平图书馆落成，是当时规模最大的公共图书馆。因1915年自承德避暑山庄文津阁运京《四库全书》，1931年此街改名为"文津街"。

1954年为了交通需要，拓宽了马路，文津街成为贯穿北京东、西的重要交通道路。

后 记

北海皇家御苑在历史的长河中历经沧桑，是迄今保留下来的历史最悠久、保存最完整的皇家御苑。北海初创于辽代，到金代建为离宫。金灭亡后，金中都被烧毁，北海御苑也随之荒废。元世祖忽必烈以琼华岛为中心，建立了元代皇城，北海及其园林也由原来的离宫转变为皇家内苑。明、清两朝也相继在北海大兴土木，建成了一座雍容华贵、气势磅礴的皇家御苑。

北海具有独具匠心的园林意境和园林艺术，积淀了厚重的文化内涵。北海特有的历史价值、园林价值、文物价值、科学价值，使之成为我国古典园林的精华和独具魅力、不可替代的珍贵文化遗产。

由于年代久远，朝代更迭、战乱和火灾等历史的原因，北海的许多珍贵资料已经被毁无存。在搜集资料过程中，明代以前的北海档案资料没有发现，清代档案也保存不完整，存在缺失。编者曾参与编写《北海景山公园志》一书，当时编写小组人员克服困难，先后到中国第一档案馆、第二档案馆、北京档案馆、北京图书馆等单位进行资料搜集。这些记载北海历史的资料来之不易，显得弥足珍贵。

本书在编写过程中参考了《南村辍耕录》《金鳌退食笔记》《国朝宫史》《日下旧闻考》《国朝宫史续编》《三海见闻志》《燕都丛考》《清宫廷档案》《民国档案》等相关书籍。

本书具有记史、存史、研史的作用。它将北海真实的历史原貌展现在读者面前，向想要了解北海、研究北海历史的人们提供依据，对于推进和加强北海历史研究并为现实服务具有重要作用。

感谢《京华通览》编纂委员会在出版此书过程中的精心组织、悉心指导和帮助。由于水平有限，虽然尽了很大努力，但仍难免有疏漏和缺憾，请读者提出宝贵意见，以便于今后弥补、更正。借此，对给予关心、支持、帮助编辑此书的人们表示衷心的感谢！

编　者

2018年2月1日